EL IMPERIO DE LA DECADENCIA ARGENTINA

Rogelio López Guillemain

Prólogo de
Rosendo Fraga
Palabras preliminares de
Agustín Laje

Grupo Unión 2017

López Guillemain, Rogelio
El Imperio de la Decadencia Argentina Recargado /Rogelio López Guillemain.
1a ed . - Ciudad Autónoma de Buenos Aires: Grupo Unión, 2017.
170 p. ; 20 x 14 cm.
Papel 978-987-3677-77-9
Ebook 978-987-3677-xx-x
1. Novela. I. Título. CDD 863

Grupo Unión
Carlos Calvo 675, 1108 Buenos Aires
Tel.: +54911 4550 5842 union@lugardelibros.com
www.distel.biz
Coordinación editorial Rodolfo Distel (@rdistel)
Compuesto por #MCHFS
Tapa Jacky O. Crédito
Impreso por la imprenta ya SRL

ÍNDICE

Agradecimiento a:

Quienes creyeron, confiaron y ayudaron a hacer realidad este libro; apóstoles del mérito, reserva ética y moral contra la decadencia.

Todos los Mansos… para que se sumen a esta
Rebelión. ….Uno u otro….el que creas

El lector se enfrentará, en las páginas que siguen, a una radiografía de nuestra decadencia. Su autor, Rogelio López Guillemain, es un liberal con todas las letras. Pero no de esos que creen que el liberalismo consiste simplemente en bajar impuestos; mucho menos de aquellos cobardes que, temerosos de la sanción moral y social del progresismo (los monopolizadores de la bondad), se entregan culturalmente a toda "novedad" por el simple hecho de ser novedosa: ¡no vaya a ser que alguien los quiera tildar de "retrógrados"! Al contrario, Rogelio pertenece a esa corriente liberal que entiende la libertad, como la conquista de una tradición específica: no hay libertad sin ciertos procesos históricos y, por añadidura, sin una cultura propicia para la libertad.

En un contexto de batalla cultural como el que afrontamos, es imperioso distinguir entre los dos liberalismos de nuestro tiempo: ese que es consciente de la importancia de la moral, la historia y la tradición; y ese otro que construye individuos abstractos, cuya libertad puede ser gozada al margen de cualquier regla moral y de cualquier valor tradicional: un liberalismo que, en una palabra, podríamos catalogar como "externo a la historia" y, por lo tanto, fácilmente absorbido por el marxismo cultural. Rogelio se encuentra, sin lugar a dudas, en la primera corriente, corriente que tiene a grandes pensadores de su lado, como Montesquieu, Burke, Tocqueville y Hayek, quienes jamás disociaron la libertad de las condiciones históricas y culturales que ella requería.

Siempre es bueno recordar que el mencionado Friedrich Hayek, en Fundamentos de la libertad, definía a la libertad "no como un estado de naturaleza, sino como una creación de la civilización, que no surge de algo intencionalmente", y advertía seguidamente que "es probable que una próspera sociedad libre sea en gran medida una sociedad de ligaduras tradicionales", mientras que al final de su última obra, La fatal arrogancia, defenderá, en calidad de agnóstico, la religión y la institución familiar tradicional como pilares de esa civilización que apuntaló la libertad en Occidente. Los esfuerzos de Rogelio están atravesados por estas directrices filosóficas.

No es, de tal suerte, una coincidencia que este libro inicie con una rápida revisión sobre nuestra historia nacional, a los fines de desentrañar algunos componentes de nuestro ADN cultural. Un país que hace un siglo se encontraba entre los diez más prósperos del mundo y que hoy no es considerado siquiera como "emergente" en el concierto de las naciones, tiene que haber sido sometido a una decadencia que no puede explicarse simplemente como una mala receta económica o como una mala gestión política: el Imperio de la Decadencia Argentina que retrata López Guillemain es mucho más profundo que ello, pues trata de la decadencia cultural, que es la que está en la base de crisis tan fulminantes e irrefrenables como la que vivimos.

Como buen médico de profesión que es, el autor va detectando "síntomas" de tipo social y va arriesgando "diagnósticos". Así, se le presenta un panorama que, en rigor, está a la vista de todos: la familia como núcleo de la sociedad civil ha sido arrasada por el igualitarismo y, en su seno, padre y madre han perdido toda autoridad y jerarquía; la escuela se ha convertido en un centro de adoctrinamiento donde la soberanía del profesor pasó a la política, y de ésta se trasladó directamente, como apariencia —sólo como apariencia—, al alumnado; los Derechos Humanos se han convertido en derechos para pocos (a pesar, paradójicamente, de la universalidad del concepto), por lo general sólo para delincuentes, guerrilleros y terroristas; la Justicia ha sido manipulada con conceptos colectivistas que han desvirtuado su dimensión retributiva en favor de la distributiva; la democracia se ha transformado en un significante vacío que contuvo promesas imposibles de cumplir por sí misma; el crimen y la inseguridad aumentan exponencialmente bajo el manto protector de una ideología jurídica que nos presenta al delincuente como víctima de la sociedad, y a la víctima, en tanto que parte de esa sociedad, como parte victimaria; las Fuerzas de Seguridad y las Fuerzas Armadas, instituciones fundamentales para que el Estado pueda cumplir con su rol esencial de garantizar la seguridad de sus ciudadanos, han sido completamente mancilladas al punto de que "reprimir", nos dice el autor, ha devenido en una palabra cargada de valor negativo. ¿Desde cuándo reprimir el delito es cosa censurable?

En la base de la decadencia hay un problema moral. El de la "moral gris", tan típica de la posmodernidad criticada por Rogelio y tan censurable para el pensamiento de Ayn Rand, que significa, sencillamente, que ya no hay bien ni mal cognoscible: hay indeterminación y mera subjetividad. Hacer el bien y el mal, estar frente a algo bueno o algo malo, por añadidura, sería simplemente una apariencia; dependería del "enfoque" que cada quien tenga. Esto es, dicho en forma sencilla, lo que se conoce como "relativismo moral", que es la cara más perniciosa del igualitarismo. En el terreno de la "igualdad de hecho" que el autor de este libro critica, ¿qué podría ser peor que igualar de hecho lo bueno con lo malo?

Nuestra brújula moral ha sido desimantada en favor de ciertos intereses ideológicos, y quienes pretenden poner las cosas en su lugar, como es el caso del autor de este libro, son condenados al ostracismo. Presenciamos así los efectos de esa dictadura silenciosa de lo políticamente correcto que establece qué puede ser dicho y qué no, qué puede ser pensado y qué no, todo ello, por si más faltara, en nombre de la "diversidad", la "tolerancia" y el "pluralismo". No me equivoco en pensar que este es, precisamente por ello, un libro políticamente incorrecto: porque esgrime ideas que se encuentran fuera del esquema del pensamiento hegemónico, ese que se reproduce día a día en medios masivos de comunicación y en instituciones educativas de todo tipo; ese que está en la base de nuestra decadencia.

El libro que el lector tiene en sus manos es imprescindible para cortar con la monotonía política que la moral gris impuso. En un país donde todos los políticos hablan igual, dicen lo mismo y hacen más o menos lo mismo (a pesar de que muchos de ellos integran una coalición que lleva el nombre de "Cambiemos"), voces alternativas como las de Rogelio López Guillemain son imprescindibles sencillamente para volver a pensar: son una bocanada de aire fresco. Porque cuando todos piensan igual, lo que ocurre verdaderamente es que ninguno está pensando.

"El imperio de la decadencia Argentina" es, en última instancia, eso mismo: una invitación a volver a pensar, liberados de las cadenas de la corrección política.

Agustín Laje Arrigoni

Este libro de Rogelio López Guillemain, es una oportuna reflexión sobre la Argentina.

Con un lenguaje directo y la actitud de un ciudadano común, con sinceridad y claridad, plantea su visión sobre las causas de la decadencia argentina y propone un conjunto de acciones para superarla. En mi opinión, es acertado hablar de la Decadencia Argentina. En los últimos setenta años, el nuestro es el país en el cual menos ha crecido el PBI per cápita.

Pero al mismo tiempo, ha sufrido una fuerte involución en su calidad educativa en todos los niveles. Si todavía la Argentina ocupa el segundo lugar en América Latina en materia de Desarrollo Humanos (IDH), inmediatamente después de Chile, es porque el capital humano todavía acumula las condiciones de un sistema educativo que en otro tiempo fue mejor.

El libro comienza realizando un análisis histórico sobre la conformación y las características de identidad argentina. Se puede advertir, que algunas características negativas de ella, ya las tenemos en el Martín Fierro, como se advierte al leer el rol que el autor asigna a la llamada "viveza criolla".

Pero en general la historiografía suele dividirse entre quienes ven a la Revolución del Treinta como un punto de ruptura y quienes en cambio ponen el énfasis en el surgimiento del Peronismo como fuerza política predominante quince años más tarde.

En mi opinión, si elijo un punto de ruptura, es 1947, cuando Perón sustituyó cuatro de los cinco miembros de la Suprema Corte para alinearla políticamente con su proyecto, quebrando una tradición de independencia que había comenzado en 1863. Desde entonces, el máximo tribunal ha sido modificado diez veces por razones políticas.

En la visión del autor, las causas de esta decadencia son varias. Animándose a decir lo que es "políticamente incorrecto", comienza por destacar el debilitamiento de los valores familiares y los excesos en materia de igualad de género.

Destaca luego lo que denomina "la destrucción de la educación que supimos conseguir" y pone el acento en la perdida de autoridad del docente, en gran medida producida por la ruptura de la articulación entre el maestro y los padres. Hoy se ha hecho común verlos enfrentando la autoridad de la escuela y alineándose con los reclamos de los hijos. Propone para su "reconstrucción", combinar un retorno al espíritu de la "escuela sarmientina" con el uso de las nuevas tecnologías.

"Unidos pero no unificados" es otro concepto acertado del diagnóstico, donde plantea que la individualidad muchas veces se diluye dentro de una entidad colectiva, de la cual quizás la "barra brava" termina siendo una manifestación delincuencial extrema.

Sobe el mencionado concepto de "Viveza criolla", trata de encontrar su génesis, lo cual no resulta fácil. En mi opinión está muy vinculada a la tendencia a sacar ventajas saltando las reglas. El concejo del Martín Fierro "Hacete amigo del juez..." ya que en último cuarto del siglo XIX, da una pista concreta de lo que significa.

El antagonismo entre el "yo" y el "nosotros" se destacado como otra característica que se ha acentuado en las últimas tres décadas, derivando en una cultura afín al colectivismo.

En la misma línea menciona la subestimación del valor "libertad", frente al valor de lo "colectivo", como una de las causas que ha hecho retroceder la iniciativa y la responsabilidad individual.

La exaltación de "lealtad", que puede llevar a la "traición" de propias convicciones, se vincula con el concepto anterior.

Elogia la "modestia" y critica la "humildad" tras analizar el origen y significado de ambas palabras y reivindica el "orgullo", como un auto-reconocimiento legítimo de las propias obras. Analiza los conceptos de "caridad" y "filantropía", pero en este caso no los contrapone, sino que afirma pueden ser complementarias.

Plantea que tanto las personas como los países son responsables de su propio fracaso. Se trata de un concepto simple, pero que se contrapone con la tendencia que muchas veces predomina en nuestro país, por la cual se busca responsables externos para nuestros fracasos y frustraciones.

Cuestiona el uso tergiversado de los derechos humanos. Siguiendo con la defensa del lenguaje "políticamente incorrecto" presenta el valor positivo de "discriminar" entendiendo por ello el separar y diferenciar lo bueno de lo malo. Es así como cuestiona para palabras, conceptos y valores, lo que llama la "tiranía de lo políticamente correcto".

Siguiendo con esta misma línea de pensamiento revisa el problema de la inseguridad ciudadana, destaca contradicciones bajo el título "del reino del revés" y reivindica la "autoridad" diferenciándola del "autoritarismo".

Plantea la cuestión de que el funcionamiento de las Instituciones, se ve afectado por la mala conducta y falta de ejemplaridad positiva de quienes las representan. También discute el funcionamiento del sistema político, de las elecciones, de los partidos. Cuestiona el populismo o clientelismo como forma de ganar voluntades y ejercer el poder y critica el lado negativo de los subsidios que alimentan esta forma de gobernar.

Presenta la "oclocracia" como una degeneración de la "democracia", utilizando conceptos de Alberdi sobre la pérdida de discernimiento que la necesidad puede generar en los gobernados, en beneficio de quienes gobiernan sin valores morales.

Propone librar al mismo tiempo una batalla moral y otra cultural junto a la política, privilegiando para ello la "acción" en vez de la "reacción".

De todo este diagnóstico, deriva un programa simple y posible para revertir la decadencia: 1) Que quienes sean cabeza de familia asuman el rol de padres que les toca. 2) Recuperar la escuela. 3) Recuperar la armonía en la convivencia ciudadana. 4) Terminar con las prácticas corporativas. 5) Lograr una mejor distribución demográfica y económica del país. 6) Consensuar y definir políticas de estado que se proyecten en el tiempo. 7) Construir un estado más dedicado a sus propias obligaciones y que se inmiscuya menos en la vida de los gobernados. 8) Rescatar las instituciones. 9) Consolidar la división de poderes. 10) La justicia debe velar por los derechos de los ciudadanos.

Puede parece un programa de sentido común o por el contrario un conjunto de metas inalcanzables.

Pero la reflexión que realiza el autor, desde la posición de un ciudadano común, comprometido con el destino de su país, aunque sin compromisos sectoriales o partidarios, si bien puede abrir la polémica, también puede contribuir a romper la decadencia argentina de las últimas décadas.

Rosendo Fraga

Director del Centro de Estudios Unión para la Nueva Mayoría

19

Plantar un árbol, tener un hijo, escribir un libro. Estas tres acciones que el acervo popular preconiza deben concretarse para considerar que la vida de uno fue fecunda, tienen su lógica; el árbol es fruto de nuestra relación con la naturaleza, el hijo es la consecuencia de nuestra vida en sociedad, y el libro es el vástago del intelecto.

Los tres tienen en común el hecho de ser concebidos con un profundo amor, y de ser el medio de permanecer en el mundo más allá de nuestra existencia, nos sobreviven y se transforman en nuestro legado.

Pero escribir un libro tiene una particularidad especial, es un hijo que se tiene de a uno; es un hijo que no nace de la relación sino del análisis, es la objetivación de nuestra subjetividad, es la materialización de nuestro yo inmaterial. Su padre es la razón y su madre la voluntad.

Existe un refrán popular que asevera (y presumo con razón) que el escribir es un ejercicio, y como tal cumple con todas las reglas que caracterizan a los mismos. Existen quienes tienen un don natural para hacerlo y en sus manos corre ágil el bolígrafo, pero para el resto del género humano, esta actividad nos exige realizar un esfuerzo superlativo para conseguir superarnos y mejorar nuestra performance. Otra característica típica de este arte es que se debe practicar con regularidad para adquirir mayor destreza.

Lo primero que se debe hacer es ordenar las ideas que se quieren transmitir, luego hay que crear las expresiones verbales que son la materia que contendrá ese algo etéreo que es nuestro pensamiento, y por último darles forma para poder verterlas con sentido en el papel.

Este escrito que tiene en sus manos, es un intento de compartir un análisis personalísimo acerca de qué somos los argentinos, dónde venimos y quizás, acercar una posición sobre qué actitudes debemos tomar para cambiar el rumbo que hemos elegido como sociedad; el cual lo considero inadecuado, casi suicida.

El primer beneficiado, y a veces el único, al escribir un libro es el propio autor. El poder materializar el torbellino de ideas y conceptos que atiborran nuestra cabeza y lograr transformar ese grito sordo y ahogado, proferido en medio de un desierto, en un puñado de huellas esparcidas en un trozo de papel, quizás no soporte el paso del tiempo, pero al menos calma la conciencia y el espíritu de quien lo produce.

La antropología, la filosofía y la sociología, son ciencias que buscan interpretar el comportamiento del individuo y de la sociedad en su conjunto, a través de la observación de campo y la formulación de distintas teorías.

No soy antropólogo ni sociólogo y mucho menos filósofo, por ello, no me voy a explayar demasiado en el análisis de los postulados de estas ciencias, pues no avalan mis dictámenes conocimiento académico alguno. Sin embargo, mi concepción de qué es el hombre me permite la licencia de transmitir mis opiniones, las opiniones de un ser libre y racional.

Entre las teorías que se encuentran más en boga en estas disciplinas esta la "determinista". La misma sostiene que la respuesta individual y colectiva de un pueblo está marcada por sus raíces antropológicas, raciales, culturales y religiosas, así como por otros factores externos como por ejemplo el climatológico o el geográfico.

A esta postura la considero cierta parcialmente; los factores que contextualizan al individuo y a la sociedad predisponen sus respuestas; más, según mi parecer, no las determinan. Definitivamente es más significativa la incidencia del contexto en las conductas colectivas de un pueblo que en las reacciones individuales. Podemos comparar a la sociedad con un ser humano. Cada individuo es una célula, unos pocos toman decisiones como las neuronas, mientras, la mayor parte de la sociedad se comporta como si fuesen células de algún otro órgano que responde a las órdenes del cerebro. Cuan do está ausente el que toma las decisiones, el resto de la sociedad actúa como un autómata; respondiendo, casi en forma instintiva, a las situaciones de vida que se le presentan según las pautas que dictan los usos y costumbres.

Podemos analizar y comparar, a modo de ejemplo, la realidad de distintos países de todo el mundo que poseen contextos similares o historias parecidas, pero que recientemente han tenido evoluciones diametralmente distintas.

Rusia tiene un territorio muy extenso, pero su desarrollo no se compara al de Estados Unidos. Japón, al igual que China, está superpoblado, pero sus condiciones de vida son casi antagónicas (a pesar que China ha mejorado mucho). Irlanda tiene una población muy pequeña, pero viven mucho mejor que en Paraguay donde también son pocos; Bolivia no tiene salida al mar, tampoco la tiene Suiza y sus estándares de vida no tienen comparación. La población de Chile es latina y católica (al igual que el resto de los países sudamericanos de habla hispana) y sin embargo les ha sacado un campo de ventaja a sus vecinos latinoamericanos.

También podemos analizar los enormes cambios que han acaecido en muy poco tiempo en países como Irlanda, Chile, Perú, India o China en donde el contexto social, cultural y ambiental ha permanecido estable; sin embargo, la mejora en el nivel de vida que ha ocurrido en ellos, ha sido enorme.

Estos ejemplos no son terminantes, ni mucho menos verdades irrefutables, quizás pequen de simplistas, pero los creo suficientes como para fundamentar una posición no determinista.

Si analizamos como se aplica la teoría determinista en la respuesta de cada hombre en particular, es indiscutible el peso que tiene en nuestras decisiones y reacciones individuales el contexto en el que vivimos, fundamento de esta teoría. No obstante, me resisto a creer que algún oráculo o designio impreso en nuestro ser sea determinante e inapelable, creo en el libre albedrío y en nuestra capacidad crítica inherente a la racionalidad como responsables de nuestras acciones.

Ciertamente, esta capacidad crítica innata debe ser desarrollada y ejercitada continuamente para que prime la racionalidad sobre la ignorancia, el ocultismo y la superstición; para que entendamos que el destino no responde al capricho de los dioses sino que es forjado por nuestras acciones presentes. Si decidimos no decidir, si elegimos no elegir, estamos cediendo este derecho y esta responsabilidad a otros; y, si valemos tan poco que a ellos tampoco les interesa nuestro futuro, quedamos supeditados al azar.

Creo que estos planteos deterministas, casi fatalistas, tienen más que ver con una postura de resignación y justificación, con una actitud que alienta a desalentar todo intento de cambio por considerarlo imposible. Inconscientemente nos dicta límites de los que no podemos escaparnos, pues, no dependen de nosotros sino del contexto, nos pone un piso y un techo por el cual no podemos ser ni peores ni mejores, somos todos igualitos, sin la libertad de romper la hegemonía y sobresalir gracias al esfuerzo individual. Si sobresalgo no es por mérito propio, es fruto del contexto. Siguiendo este razonamiento, los grandes personajes de la historia lo fueron porque les tocó ser, porque la rueda de la fortuna se fijó en ellos y no porque decidieron dejar de ser personajes de reparto para pasar a ser protagonistas.

Por lo tanto para que algo cambie algo debe cambiar, el cambio profundo en el interior de cada individuo como principio de la metamorfosis social es lo óptimo, pero sus efectos demoran demasiado tiempo en cristalizarse. Cuando la permuta se produce en los líderes sociales y estos lo promueven entre la masa comunitaria el tiempo suficiente para que esta lo internalice, o lo imponen so pena de castigo, la mutación de conductas es mucho más veloz.

Todo cambio conlleva un esfuerzo, una rebelión contra lo socialmente aceptado, conlleva ser un incomprendido y quizás hasta un paria. Quienes proponen cambios que van en contra de la tendencia social, de lo políticamente correcto, padecen del sarcasmo burdo y se transforman en el hazmerreír de aquellos que no tienen argumentos para refutar su postura, de quienes solo tienen para respaldar sus pareceres el aplauso de la chusma hipócrita que padece la cobardía de ir en contra del *statu quo*.

CAPÍTULO 1

¿DE DONDE VENIMOS?

¿Quiénes somos?

Es necesario conocer nuestro pasado para entender el presente que como sociedad padecemos e intuir lo que nos depara el futuro; esto, que es una verdad de Perogrullo por todos aceptada, queda en la práctica formulada como un anhelo, como una mera expresión de deseo, como una sentencia casi religiosa en un mundo ateo, sin que realmente se promueva el estudio de nuestras raíces, su análisis y la búsqueda e implementación de medidas que reviertan nuestra decadencia.

Haré un breve repaso de nuestra historia, comenzando el derrotero desde los tiempos precolombinos. En realidad se podrían escribir varios libros sobre cada periodo de nuestro pasado, más no es el fin de este trabajo; solo deseo presentar nuestro árbol genealógico social y algunas de sus particulares.

Nuestro territorio estaba ocupado, antes de la colonización, por unas cuantas decenas de tribus aborígenes que podríamos agrupar a grandes rasgos en dos conjuntos; la andina, que se extendía desde el norte del país hasta la altura de Mendoza, y la de los llanos, que ocupaba la pampa y el litoral.

El grupo andino tenía una fuerte influencia del pueblo Inca, eran sedentarios, habían desarrollado la agricultura, la ganadería y la alfarería, usaban prendas de vestir. Vivian en casas de piedra, confeccionaban adornos y realizaban intercambios comerciales entre las tribus.

Estos aborígenes lucharon tenaz pero infructuosamente contra los españoles, una vez vencidos presentaron una resistencia muy pobre a la colonización, a la entrega en encomiendas y posteriormente a trabajar en campos ajenos. Luego fueron absorbidos por la sociedad en sucesivas generaciones dando origen a un importante número de mestizos.

La influencia incaica se hace presente en una estructura social y productiva más evolucionada que la de sus vecinos; pero también se vislumbra en su rápida adaptación al dominio español, recordemos que los Incas eran un pueblo que avasallaba a las tribus anexadas a su imperio.

El grupo pampeano eran nómade, habitaba en refugios que construían con ramas y cueros, usaban taparrabos, la alfarería era muy rudimentaria o no existía, vivían de la caza y la recolección de frutos y eran sumamente belicosos.

El aborigen de los llanos combatió a los españoles y posteriormente a los criollos por varios siglos, se resistió exitosamente a la colonización, a la entrega en encomiendas y al servilismo. Recién a fines del siglo XIX fue derrotado después de las conquistas del desierto de Juan Manuel de Rosas primero y de Julio Argentino Roca después.

Es difícil saber si el comportamiento de estos aborígenes tenía que ver con un espíritu soberano, o si solamente era una respuesta defensiva para no perder la parte de libertad que se cede cuando se vive en sociedad. Quizás no querían perder el estado anárquico y sin reglas ni límites de la vida nómade, a la que estaban acostumbrados, a favor del estado de derecho que regía en el modelo europeo de convivencia humana que se les buscaba imponer.

A fines del siglo XV Europa era un continente convulsionado en el que los países se aliaban, traicionaban y enfrentaban en forma desenfrenada. Quien hoy era mi aliado mañana era mi enemigo. La preeminencia de los distintos imperios se encontraba en un frágil equilibrio dinámico, casi perverso; aquel que comenzaba a sobresalir por sobre la media reinante se transformaba de inmediato en el enemigo común de los otros. Un detalle a tener en cuenta era los casamientos entre las distintas casas monárquicas que hacía que todos estos enfrentamientos quedaran en familia.

Los conflictos entre las naciones europeas, a nivel terrestre, involucraban a casi todos los países; pero cuando las contiendas se trasladaban a los mares los países que se enfrentaban por lo general eran Holanda, Inglaterra, Francia y España.

La anexión de territorios extra continentales fue el principal motor de la conquista de los océanos, esto respondía no solo a los beneficios económicos de tener colonias, sino también permitía asegurar las rutas comerciales con Oriente, fuente de las cotizadas especias como la canela y el clavo de olor, y de artículos suntuosos como las sedas.

Un párrafo aparte merece el analizar porque era tan importante el tema de las especias; definitivamente no debe haber sido por un tema culinario ni por el bouquet que estos productos le daban a la comida; en realidad en esa época las especias permitían conservar durante más tiempo las carnes sin que se "abombasen" o descompusiesen. La alternativa a esta opción era el tasajo (charqui para los Americanos) que se trataba de carne salada disecada al sol; este producto, además de ser menos sabroso y necesitar una muy buena dentadura, era el alimento de los marineros y los esclavos, muy poco adecuado para la alta nobleza.

Holanda había conquistado gran parte de las costas africanas y ese hecho le dificultaba a España alcanzar las riberas de los países de Oriente, principalmente las Malucas, por lo que la propuesta de Colon de buscar una ruta diferente al Oriente por el oeste fue tomada con beneplácito por la corte y por los comerciantes españoles.

Una vez que España confirmó que el marino genovés no había alcanzado las costas de las Indias sino que estaba en presencia de un novel continente, y luego de descubrir sus riquezas, cambió de planes con respecto a la búsqueda de la ruta comercial alternativa al lejano Oriente y se focalizó en la explotación de este nuevo territorio. Por aquel entonces la balanza fiscal de España era desastrosa. Las continuas guerras, la paupérrima producción de bienes y la escasa explotación de materias primas, debido en parte a la falta de mano de obra muerta en batalla y por otro lado, el poco apego al trabajo por parte de los hidalgos y del ejército en tiempos de paz (las tareas manuales eran consideradas "bajas" y poco dignas) condicionó la actitud del país ibérico para con los territorios anexados. No se procuró su desarrollo sino solo la extracción de aquellas riquezas que demandaran el menor esfuerzo y la mejor relación costo beneficio.

Las condiciones antes descriptas llevaron a que los españoles no consideraran a la América como su segundo hogar, no propiciaron ningún desarrollo para la región, la conquista de los territorios que se hallaban en manos de los aborígenes se remitía solo a las necesarias para establecer las rutas comerciales al Potosí. Se trabajaba la tierra lo justo y necesario, la producción ganadera se limitaba a la caza del ganado vacuno y se recolectaban los frutos naturales. La conducta de los colonizadores era propia de los pueblos nómades, caza y recolección, estas tierras eran un árbol silvestre del que sólo se recogían sus frutos maduros.

Dijimos que las rutas se dirigían al Potosí, esto era así pues allí se encontraban las minas de oro y plata que le urgían explotar a la corona. Los principales candidatos para encarar estos proyectos mineros, que involucraban un desarraigo muy parecido al destierro, eran los nobles en bancarrota y los militares desocupados de bolsillos flacos. Las posibilidades de "hacerse la América" eran muy grandes y magnificadas aún más por los relatos de los marinos que regresaban de estas tierras.

Los españoles solo ocupaban cargos jerárquicos, no se ensuciaban las manos, al menos no con tierra. Para ello usaron primero a los aborígenes locales, quienes fueron rápidamente diezmados debido en parte a que no estaban acostumbrados a la gran exigencia física del trabajo a destajo. Otra de las causas de muertes en masa y de bajo rendimiento laboral, eran las enfermedades europeas que asolaban a las poblaciones americanas, para las cuales los nativos no habían desarrollado defensas en su sistema inmunitario.

Cuando comenzaron a faltar los aborígenes autóctonos se recurrió a esclavos africanos, estos eran más eficientes y tenían una vida útil mayor. Si bien el rendimiento laboral de los hombres del continente negro era muy superior, tenían como contra su elevado costo, la comercialización estaba concesionada a unos pocos, debían ingresar mayoritariamente por Centroamérica, pagaban impuestos aduaneros muy altos, y el llegar a las minas era un peregrinar tortuoso, complejo y oneroso.

Esta situación le permitió a las tierras del virreinato de la Plata, sobre todo a su puerto, transformarse en el centro principal del contrabando de bienes y esclavos del continente, convirtiendo este negocio en su modo de vida.

Los criollos

A fines del 1700 en el virreinato del Río de la Plata fue tomando preponderancia un nuevo grupo de poder, los criollos.

Los criollos eran los hijos de españoles nacidos en nuestro territorio, estos no tenían acceso a cargos públicos importantes, ya que los mismos estaban reservados para los españoles nativos. Sus derechos cívicos e incluso comerciales eran limitados, y para poder sobreponerse al estigma de tener una cuna Americana debían vivir diez años en una ciudad o pueblo y así pasar del estado de domiciliado al de vecino.

Crecía dentro de este grupo, el resentimiento, la necesidad de adquirir un status social más importante y el deseo de tener una mayor autarquía y autonomía para con los reyes ibéricos. Algo así como el justo rencor del sometido.

Hacia fines del siglo XVIII, el pensamiento filosófico y político de la intelectualidad europea (principalmente francesa e inglesa) y norteamericana, se inclinaba hacia la concepción de gobierno y de orden social republicano y liberal, estos noveles lineamientos también tuvieron una fuerte influencia en el ideario de los vecinos del Río de la Plata.

Sobre este caldo de cultivo se produjeron una serie de eventos que evolucionaron y terminaron en la proclama de nuestra independencia.

El primero de estos eventos fueron las invasiones inglesas. Estas pusieron en relieve ciertas circunstancias insoslayables; en primer lugar la imposibilidad por parte de España de brindar respaldo y protección a sus colonias debido a la crítica situación económica, política, militar y estructural que estaba atravesando; la otra situación que quedaba al descubierto era muy positiva, los lugareños comprobaron que eran capaces de organizarse y repeler, sin ningún tipo de ayuda foránea, no sólo una sino dos veces, la invasión de una de las principales potencias mundiales.

En este punto me siento obligado a hacer un pequeño paréntesis y preguntarme ¿Fueron un verdadero intento de invasión las incursiones de los ingleses? Una potencia mundial con vasta experiencia en dominar a otras naciones ¿Podía imaginar tener éxito en la ocupación del virreinato con tan exiguas tropas?

No quiero pecar de inocente, pero tampoco pretendo ser escéptico, analicemos pues la realidad de las islas británicas en aquellos tiempos e intentemos ser ecuánimes.

Inglaterra, gracias a la producción en serie de manufacturas implementada por la incipiente revolución industrial, se encontró con un excedente de productos que no podían ser captados ni por la plaza local, ni por sus colonias, ni por la Europa pobre, convulsionada y en manos de sus enemigos franceses. Ante esta coyuntura necesitaba ampliar sus mercados y la América era el lugar más prometedor.

Siguiendo este lineamiento, primero hizo las paces con los Estados Unidos de Norteamérica, tendiendo un puente comercial con sus antiguos súbditos; luego vislumbró en la América del Sur sus futuros clientes y hacia allí dirigió sus esfuerzos.

Por su parte, los virreinatos españoles estaban obligados a comerciar solo con Cádiz, a través de los esporádicos "barcos de registro" que llegaban a estas tierras cada seis exasperantes meses.

Como consecuencia de dicho abandono y aislamiento, el comercio en negro había alcanzado un gran desarrollo y vaya casualidad, eran los propios ingleses sus principales operadores.

Liberar estas latitudes del dominio español le permitía a la corona británica colocar sin restricciones sus manufacturas en estas tierras, sin tener que convivir con el lucrativo pero engorroso comercio ilegal.

La otra hipótesis que se esgrime, la de considerar a Buenos Aires como un punto estratégico para el paso del Atlántico al Pacífico no me parece sensata. Las Islas Malvinas ya habían sido exploradas por los británicos e indudablemente este territorio insular se encontraba mucho mejor ubicado para cubrir el estrecho de Magallanes que las márgenes del Río de la Plata. Siguiendo este razonamiento vemos que en 1833, 27 años después de las teóricas invasiones inglesas a la ciudad de Buenos Aires, Inglaterra tomó posesión del archipiélago en cuestión.

En fin, creo que los ideólogos de la primera invasión, el comodoro Home Popham y el teniente general David Baird, solo buscaron acrecentar sus riquezas y glorias personales, dudo mucho que la poderosa Gran Bretaña y su experta Corona concibieran un plan de dominación tan indolente para intentar avasallar un territorio de tamaña superficie como el virreinato de la Plata.

Retomando la crónica, advertimos que con la invasión de Francia sobre España y la destitución del rey Fernando VII del trono (en realidad vendió su corona por unas monedas), se terminaba de preparar el escenario donde se desarrollaría la revolución de mayo y sus consecuencias.

En este punto es importante recalcar que estas tierras no eran propiedad de España sino del rey, este hecho se transformó en el principal argumento de los revolucionarios Castelli y Paso en las sesiones del cabildo abierto de la semana de mayo para comenzar a recorrer el camino hacia nuestra independencia.

Debemos recordar que en aquel momento no había una postura unificada con respecto a los pasos a seguir, un grupo minoritario, fieles a España, quería que las cosas quedasen como hasta entonces (eran los que tenían grandes negocios protegidos por la corona); algunos querían buscar el amparo de la infanta Carlota de Portugal, los llamados Carlotistas; otros sugerían tomar a Inglaterra como protectora; estaba también el grupo de los independistas plenos (muchos de ellos masones), y por último el de aquellos que reconocían su lealtad al rey, inexistente por haber sido depuesto, pero no a España.

La Revolución de Mayo fue un acontecimiento eminentemente porteño, no estuvo consensuado ni avalado por el resto del virreinato, es más, una vez resuelto se mandó un ejército al interior del país para anunciar la "buena nueva". ¿Por qué fue esto así?, seguramente en parte por problemas de comunicación y de tener que cumplir con ciertos "tiempos" que no podían postergarse. Pero también es cierto que el interior era más conservador y no todos apoyarían esta revolución (Córdoba fue la primera en oponerse); Buenos Aires comenzaba a perfilarse como la signataria de los destinos de nuestro país.

Los inmigrantes

Durante los tiempos de la colonia, la inmigración por parte de personas de otras nacionalidades que no fuesen españoles era casi nula, esto se debió fundamentalmente a las Leyes de Indias, que la prohibían salvo expresa autorización de la corona.

Esta tendencia cambió, en parte, recién con Bernardino Rivadavia, quien entendió la necesidad de poblar el territorio y tomó medidas concretas para atraer a los inmigrantes. Lamentablemente muchas de estas disposiciones fueron desvirtuadas por el poder político, económico y eclesiástico del momento y a mi parecer, han sido mal interpretadas y evaluadas por algunos historiadores que las criticaron mediante observaciones anacrónicas.

Durante el periodo en el que gobernó Juan Manuel de Rosas la tasa de inmigración fue bajísima, pues, el caudillo no sólo no la fomentó sino que era un ferviente opositor a la misma. Esta conducta se modificó a partir de la constitución del 1853, en la que se convoca a toda persona de bien a poblar estas latitudes.

Lo cierto es que en 1869 habitaban nuestro territorio un poco menos de 2.000.000 de personas con un 12% de extranjeros, 30 años después ese porcentaje subió al 25% y en 1914 llegó a ser del 30%.

Si bien ese porcentaje de foráneos era muy significativo dentro de nuestra población, el análisis pasa a ser moderadamente optimista si consideramos que, entre 1870 y 1914 llegaron a las Américas 34.000.000 de inmigrantes europeos de los que se quedaron 25.000.000, y de estos solo 2.000.000 (apenas un 8%) eligieron a la Argentina como su lugar en el mundo.

Los italianos y españoles fueron quienes arribaron en mayor número, seguidos de lejos por franceses e ingleses.

Las mejores oportunidades laborales en América, la posibilidad de dejar de ser empleado para pasar a ser dueño, la aparición de nuevos mercados, las travesías marinas abreviadas en los veloces buques a vapor y la segunda revolución industrial europea, fueron algunos de los factores que favorecieron esta corriente inmigratoria.

La elección del destino por parte de los emigrantes recaía principalmente en los Estados Unidos de Norteamérica, atraídos por sus mejores salarios, las tierras sin explorar, la política minifundista, el espíritu progresista y las posibilidades del mercado interno (en 1895 Argentina tenía 4.000.000 de habitantes mientras que EEUU tenía 70.000.000).

La segunda corriente inmigratoria importante comenzó después de la gran depresión norteamericana del 1929 y duro 10 años, hasta el comienzo de la segunda guerra mundial.

Los inmigrantes de esta última corriente dejaron su impronta en el carácter de la población argentina. A nivel social eran latinos católicos que combinaron sus usos y costumbres con las vernáculas. En lo referido al pensamiento político, arribaron muchos anarquistas y socialistas que fomentaron la formación de sindicatos. Pero sobre todo venían personas con un fuerte espíritu progresista, con ansias de crecer y de tener a "mi hijo el doctor", esta fue la semilla de nuestra clase media.

Un problema que nunca pudo ser resuelto, fue la distribución de la población foránea dentro del territorio nacional. La falta de desarrollo del interior y de políticas concretas que fomentasen su crecimiento, produjo una importante concentración de habitantes en las grandes ciudades, principalmente en Buenos Aires, en la búsqueda de alguna oportunidad laboral. En estas ciudades, el crecimiento demográfico no fue acompañado por un apropiado desarrollo de la infraestructura, consecuencia de una pobrísima planificación urbanística. Este desbalance desembocó en la aparición de conventillos, una dramática falta de servicios básicos y un fuerte descontento general.

La política y los argentinos

La vida política de los argentinos comienza a fines del 1700, con la búsqueda de un espacio propio en la cosa pública por parte de los criollos, ya sea en los cabildos, en las autoridades regionales ó dentro de las fuerzas militares.

Los españoles de cuna llegaban a estas tierras amparados por el favor de la corona y ocupaban los cargos jerárquicos dentro de la burocracia colonial, mientras que los nativos debían contentarse con los puestos de segunda línea.

Esta organización política, mantenía la toma de decisiones en poder de un pequeño grupo que, amparándose en el hecho de ser los representantes del rey, mantenía el estado de sumisión mediante normas propias del medioevo que nada tenían que ver con la marcha de los acontecimientos mundiales.

El mundo estaba cambiando, y la era de las monarquías absolutas llegaba a su fin bajo el peso de los principios liberales de libertad, igualdad y fraternidad expresados en los albores de la revolución francesa y en la independencia norteamericana. El mapa político internacional estrenaba un nuevo orden de organización gubernamental encarnado en las repúblicas o en las monarquías constitucionales. El punto neurálgico de esta revolución mundial era la declaración subrepticia de los derechos del individuo.

Me veo obligado a explayarme un poco en este punto. La declaración de los derechos humanos es fruto del pensamiento liberal y, paradójicamente, en la actualidad el mal llamado progresismo se abroga su paternidad y acusa al verdadero progenitor de atacarlos y mancillarlos.

Se ha deformado la idea a tal punto, que algo tan amplio y profundo como el concepto de "individuo" ha sido masificado y transformado en "humanos"; demonizando el "Yo" a favor del "Nosotros". Pero la condición indispensable que imponen quienes defienden ese "Nosotros" es que esté integrado por una caterva de personas que no deben pensar pues sólo piensa el que manda; quien, iluminado por la gracia de los dioses, sabe qué es lo que le conviene a cada quien. Ese mismo mandamás discrimina a los que piensan y piensan distinto llamándolos "los otros", los enemigos del "bien común".

Además debemos señalar que es redundante hablar de derechos humanos pues sólo existen derechos humanos, ni las piedras, ni las plantas, ni los animales son susceptibles, por cuenta propia, de derecho alguno.

Retomando el hilo de la narración, después de la declaración de independencia del 1816, comenzó a gestarse en Argentina una guerra civil entre dos bandos, los unitarios y los federales.

Los unitarios imaginaban un país con un gobierno central fuerte desde donde se nombrase a los gobernadores de las provincias y se fijaran las pautas de gobierno. Fundamentaban esta postura en la falta de desarrollo del interior, la escasa población, el alto grado de analfabetismo, la falta de seguridad en ciertos territorios asolados por los malones, el pobrísimo mercado interno, y la anarquía reinante. Consideraban al unitarismo como el sistema más apropiado para lograr el rápido crecimiento del país y competir en el mercado mundial.

Por su parte, los federales sostenían que las provincias debían ser autónomas y autárquicas, e imaginaban que el gobierno central debía encargarse solamente de las relaciones exteriores y de la defensa nacional. Pero lo que en realidad aunaba a casi todos los federales no era el pensamiento político, sino el temor de que Buenos Aires los absorbiera y terminasen siendo siervos de la ciudad puerto.

Lo paradójico es que la fuerza de Buenos Aires se encontraba en la recaudación de su aduana, era la puerta para la comercialización con Europa más importante de estas latitudes, por lo que la no nacionalización del puerto que defendían los terratenientes porteños, disfrazados de federales, era un desastre para las arcas de las provincias del interior.

Los países latinoamericanos abrazaron distintos modelos de organización política sin esmerarse en la búsqueda de consensos. Chile y Uruguay adoptaron el unitarismo, mientras que Brasil y Argentina se estructuraron en base a federalismos sui generis. Si observamos cómo han crecido nuestros vecinos, con sistemas políticos diversos, podemos inferir que la forma de gobierno por la que se opte no es determinante para tener éxito como nación. En Argentina hemos demonizado al unitarismo y endiosado al federalismo sin terminar de entender del todo bien de qué se trata cada uno.

Por mi parte, pienso que el federalismo es, quizás, el arquetipo de una administración pública democrática y republicana. De lo que no estoy completamente seguro es de que sepamos cómo ser, (y podamos ponerlo en práctica), una verdadera república democrática federal.

Lo cierto es que se puede utilizar indistintamente un sistema u otro, lo importante es emplearlo racionalmente y sobre todo, ser honesto y combatir y derrotar a la corrupción. No sólo la corrupción delictiva, sino la de las metas y concepciones ideológicas que es mucho más funesta, pues arrasa con la dignidad del hombre.

Pero este no era el único conflicto; sumado a ello existían marcados regionalismos, que producían refriegas entre las distintas facciones locales que seguían al caudillo de turno y que se oponían a caudillos vecinos. Estos se comportaban como verdaderos señores feudales y entendían que la mejor manera de mantener su poder, era adhiriendo a un sistema de gobierno federal. Los apetitos personales de los caudillos, representantes del federalismo, nunca permitieron que aunaran sus fuerzas y que propusieran un proyecto nacional alternativo, sólo pudo dominarlos y unirlos (o amontonarlos) el macho alfa de los caudillos, don Juan Manuel de Rosas.

La rivalidad entre unitarios y federales, al comienzo se mantuvo mayormente en el campo de la política, gracias a la conducta ecuánime de figuras como San Martín y Belgrano que no tomaron partido. El primero negándose a participar en los enfrentamientos entre hermanos y el segundo llevando adelante políticas conciliadoras.

Una vez que estos verdaderos patriotas salieron de la escena nacional, la disputa fue subiendo de intensidad y de violencia hasta llegar a su máxima expresión en los tiempos de Juan Manuel de Rosas.

Merece un párrafo aparte el analizar por qué fue tan virulento y salvaje este enfrentamiento. Con la aparición de Rosas en la escena política, los federales se dividieron en dos facciones, los cismáticos (que querían una constitución para organizar el país), y los apostólicos (eran literalmente los apóstoles de Rosas y deseaban seguir con un gobierno caudillista).

Esta división de los federales, y la persecución que hubo sobre los cismáticos, fue cambiando el fondo de la guerra civil, que en su forma seguía siendo entre unitarios y federales, pero que en realidad se transformó en una cruenta contienda entre rosistas y anti rosistas.

Este enfrentamiento se mantuvo lejos del campo de las ideas y muy cerca de una simple lucha por el poder. El excesivo personalismo de Rosas y la falta de políticas federales ciertas y concretas, terminó por desdibujar al gobierno y lo llevó a agotarse en sí mismo, sin haber definido nunca una posición política terminante.

Llegó a tal punto el desgaste de Rosas, que fue derrotado por uno de los lugartenientes perteneciente a las filas federales, José Justo de Urquiza. Este caudillo entrerriano, influenciado por intelectuales unitarios, terminó promoviendo, en 1853, la organización del país bajo una constitución mixta (con matices unitarios y federales), escrita por una figura (¿unitaria ó federal?) como fue Juan Bautista Alberdi. Esta constitución era bastante parecida a sus antecesoras del 1819 y del 1826, con algunas pinceladas de federalismo.

Desde la sanción de la constitución nacional hasta la ley Sáenz Peña (la ley de sufragio universal), la Argentina transitó por un período en el que la violencia interna había disminuido notablemente, más la elección de las autoridades seguía siendo impropia, en vez del uso de la fuerza se instaló el fraude y gobernaron los unitarios en alianza con el poder económico terrateniente. Los unos proponían las medidas de gobierno y los otros marcaban el terreno en el que se debían aplicar las mismas para que no interfiriesen en sus negocios.

Este período fue de gran bonanza en lo económico, con un importante desarrollo en la infraestructura, un fenomenal fomento de la educación, un Congreso Nacional integrado por legisladores dotados de una riqueza intelectual y retórica como nunca tuvo la Argentina, con la promulgación del código civil, la integración de Buenos Aires al país, la nacionalización del puerto, la designación de la Capital Federal y la eliminación de las aduanas interiores. El país, como unidad política, social y económica comenzaba a tomar forma.

Pero no todo era de color rosa, existía aún una deuda inmensa, esa deuda tenía que ver principalmente con la ausencia de respeto para con los derechos civiles y laborales de los más humildes y con la falta de espacio para que participen los pequeños burgueses en la vida política del país.

Lo cierto es que, los grupos terratenientes que definían los destinos del país durante la época de Rosas, seguían haciendo de las suyas en este período. Entregados a la "dolce vita" se dedicaron a la explotación ganadera, y posteriormente agrícola, exportando la materia prima sin industrializar. Esta conducta miope, poco ambiciosa y facilista no le sumó valor agregado a los productos, ni fomentó el empleo, ni mejoró el poder adquisitivo de la población, ni desarrolló un mercado local importante. Era más cómodo y barato traer los artículos suntuosos de Europa, principalmente Inglaterra, que producirlos.

Pero de Europa no sólo vinieron manufacturas ostentosas, además llegaron inmigrantes y entre ellos se encontraban anarquistas y socialistas quienes sembraron conceptos revolucionarios dentro del proletariado que no era tenido en cuenta; el principio de la explotación del hombre por el hombre y el de las leyes sociales y laborales fue creando un clima de insatisfacción que dio origen al Movimiento Sindical Argentino.

También arribaron inmigrantes con muchas ganas de progresar y pocas oportunidades en sus lugares de origen, estos vieron que sus esfuerzos y sacrificios daban grandes y rápidos frutos. A medida que crecían económicamente también crecían en la consideración pública, ocupando un espacio casi nobiliario reflejado en el uso del "Don" delante del nombre de pila. Esta combinación daba una imagen de simpleza y modestia mezclada con autoridad y superioridad, algo así como una igualdad desigual.

Lo cierto es que este grupo social se caracterizó por participar en la vida política de su ciudad, con una verdadera actitud de servicio. Posiblemente sentían que tenían una deuda moral con este país, que los había recibido con los brazos abiertos, y asumían estas responsabilidades en forma voluntaria y desinteresada. A nivel nacional, gran parte de este estrato social, se identificó con la revolución del parque del 1890 y llegaron al poder en la década del 1920.

Otro aspecto que caracterizó a este grupo fue la fuerte inversión en la educación de su progenie, la frase "mi hijo el doctor" es toda una definición acerca de una meta social y del legado que querían dejar a sus descendientes. Esta forma de pensar impulsaba una fuerte movilidad social, además de un extraordinario crecimiento económico del país.

La explosión demográfica y el vertiginoso desarrollo socioeconómico de los recién llegados, causó una reacción de parte de quienes eran nativos de estas tierras y no crecían a igual ritmo; esto era debido, en parte, a que no tenían el culto al trabajo de los europeos y las actividades las ejecutaban a un ritmo cansino, siguiendo metas de crecimiento mucho más modestas que la que traían los llegados del viejo continente. El sentimiento mayoritario era que, al igual que en la época de la colonia, se seguían entregando nuestras riquezas a los extranjeros y la utilización de motes en señal de desprecio para con los foráneos no se hizo esperar (tano ó gallego bruto). Trasladado a la actualidad, pasa lo mismo con la inmigración Coreana y China; cuyos integrantes, por su impronta cultural, tienen la conducta de trabajar a destajo; y trabaja toda la familia, de sol a sol a un ritmo impensado para nuestra población. Estas sufridas comunidades son discriminadas y menospreciadas por gran parte de los argentinos.

Lo propio acontece con algunos de nuestros vecinos latinoamericanos, en donde los vocablos que definen sus nacionalidades son deformados y utilizados en forma peyorativa como un improperio despectivo (bolitas o perucas por ejemplo).

Esto es reflejo del sentimiento de superioridad que padecemos como población, nos creemos europeos en América y no terminamos de asumirnos como argentinos y americanos.

En la década del 1930 se produjo el primer golpe militar de la era constitucional. Los conservadores habían perdido el poder en manos del radicalismo y, ante la falta de reflejos políticos del gobierno central a cargo de Hipólito Irigoyen para enfrentar la crisis nacional e internacional que se cernía sobre el país, reaccionaron avasallando el estado de derecho. El involucrar a las fuerzas armadas, como organismo del estado, en este proceder ilegal, institucionalizó el uso de la violencia como medio para destituir y reemplazar a un presidente elegido constitucionalmente.

Este hecho desgraciado en sí tenía una importancia relativa, pero esta se transformó en mayúscula, y sentó un terrible precedente para las generaciones que le siguieron, cuando la Corte Suprema de Justicia avaló el proceder del poder militar sobre el poder cívico.

Debemos recordar además los cambios que se estaban viviendo en Europa y que afectaban, como siempre, nuestras conductas. Las posiciones ideológicas se radicalizaban y las clases más postergadas, en búsqueda de añejas reivindicaciones, se abrazaban a las promesas y propuestas socialistas y anarquistas, mientras que los conservadores y militares implantaban gobiernos con un fuerte sesgo autoritario, en una inequívoca reacción contra los cambios que hacían peligrar el status quo reinante.

Desde la década del 1930 hasta 1982 se sucedieron en nuestro país, en una alternancia enfermiza, gobiernos constitucionales con gobiernos de facto, en donde lo único que tenían en común todos ellos, era la intolerancia absoluta para con los opositores. Este comportamiento es un reflejo de la creencia casi narcisista que tenemos los argentinos como sociedad, acerca de la infalibilidad de nuestros análisis y sentencias, más cercanas a verdades dogmáticas que a simples explicaciones de mortales.

Retomando este repaso cronológico, llegamos a la década del 1940 durante la cual se produjo un nuevo traspié democrático en el país. Aunque se repetía el "modus operandi" de las fuerzas militares de la década pasada, diferían las condiciones sociales y los intérpretes, sobre todo por la presencia de un miembro del ejército que marcará a fuego la vida de los argentinos.

En estos tiempos las ciudades más importantes de la Argentina, otra vez Buenos Aires como actriz principal, se vieron inundadas por una fuerte inmigración interna y externa; pero, a diferencia de las inmigraciones anteriores, en esta oportunidad quienes venían no buscaban una chance de rápido crecimiento económico, sino que huían del interior postergado y sin oportunidades o de los horrores que comenzaban a vivirse en Europa.

Estos cambios en las características y necesidades de los recién llegados, sumados a las pobres condiciones de vida y laborales (cuando se conseguía trabajo) que padecían, a la falta de infraestructura urbanística y al trabajo ideológico que venían haciendo socialistas y anarquistas en los últimos años, fueron aprovechados por un coronel que supo leer e interpretar las circunstancias históricas del momento y prometió la igualdad, pero no solo la igualdad de derecho sino también la igualdad de hecho.

Juan Domingo Perón tuvo la habilidad de transformar un golpe militar que repetía los argumentos, formas y fines de sus antecesores, en una expresión política nueva, que basaba su fuerza en el apoyo de los sectores más postergados, de aquellos que individualmente no tenían renombre ni peso político, pero que en su conjunto superaban en número largamente al resto del espectro social, y esta supremacía numérica a la hora de las elecciones era una ventaja fundamental.

Desde la menospreciada Secretaría de Trabajo se apropió de los gremios y aplicó cajoneados y postergados beneficios sociales a quienes trabajaban en relación de dependencia. Con una actitud paternalista, una imagen bonachona y una muñeca envidiable para conducirse en medio de la tormenta socio-política que arreciaba sobre el país, fue ganando adeptos y poder. Este pragmático y corporativista militar se transformó en el redentor de los "descamisados", quienes lo idolatraron y asumieron como cierto que si Perón perdía el poder ellos perderían todas las conquistas sociales obtenidas. Este hecho era poco probable, pero lo importante es que Perón supo llenarlos de pavor y transformarse en "el protector" indispensable.

No sería completo un análisis de Juan Domingo si no incluimos en el mismo a Eva Duarte. Dentro de nuestra cultura religiosa híbrida, Evita, a fuerza de discursos emotivos e incendiarios, ataques a la oligarquía (que fue el principal blanco de su furioso y quizás justificado resentimiento) y una entrega sincera para con su pueblo, prácticamente se transformó en una deidad pagana. Se convirtió en una figura mítica, digna de la pseudo epopeya Homérica nacional cuyo elenco integró.

Así como la virgen María es la madre de los cristianos, Evita fue adoptada por los argentinos postergados como su madre y benefactora, se la adornaba y adoraba como a un ídolo en un altar y su trágica y temprana desaparición no hizo más que acrecentar este sentimiento y llevó su imagen a dimensiones inconmensurables.

Los argentinos tenemos una morbosa fascinación por lo mortuorio, y hacemos un culto de todo lo que está relacionado con nuestros muertos famosos, en una actitud que linda con lo macabro. Entre los diversos ejemplos que podemos enumerar están, la repatriación de los restos de San Martín, los de Juan Manuel de Rosas, o el robo de las manos del general Perón. Incluso la estatua de Gardel, ubicada en el cementerio de la Chacarita, tiene en la solapa de su traje un clavel fresco que es renovado continuamente por sus devotos, e incluso se le ha visto, alguna que otra vez, un cigarrillo encendido entre sus dedos.

Evita no fue la excepción; su cuerpo, consumido por el cáncer, al momento de su deceso fue embalsamado y visitado por millares de personas durante su prolongado velorio. Esta conducta obsesiva, digna de un faraón, continuó durante el gobierno de facto que derrocó al peronismo. En un peregrinar inédito, su cuerpo fue conducido y protegido en una huida casi cinematográfica por sus fieles seguidores, quienes querían evitar que sus restos se transformasen en un botín de guerra de la administración militar que gobernaba en ese entonces. Finalmente, el ejército se apoderó del mismo, y al igual que con los estandartes del enemigo tomados en el campo de batalla, fue utilizado como prenda de negociación.

Retomando el análisis del peronismo, percibimos que al principio, y durante un breve período, Perón se rodeó de asesores y ministros capaces, pero lentamente los acólitos fueron desplazándolos y acaparando todos los espacios de poder. Los cargos políticos se ocupaban según la lealtad del funcionario y no según su capacidad (cualquier parecido con la actualidad no es pura coincidencia), las decisiones que tomaban estos ineptos estaban basadas en el rencor y el revanchismo más que en la razón; las medidas que aplicaban solo conseguían acentuar la división que había en la sociedad entre la oligarquía y la clase media por un lado, y "los que menos tienen" por el otro.

Se sobrepasó el delgado límite que hay entre hacer una política, teóricamente, de mayor equidad social a la práctica de una demagogia cruel y depravada. Esta, en definitiva, se vuelve en contra de los hipotéticos beneficiarios, castigando a toda la población pero principalmente a quienes menos tienen.

La clase media estaba metida en medio de esta disputa sin querer ser parte de ella. Mayoritariamente era descendiente de inmigrantes de fines del siglo XIX y principios del XX y sostenían las enseñanzas y costumbres de sus abuelos; tenían la pujanza de la sangre europea y no les interesaba ser parte de discusiones ideológicas que poco tenían que ver con su realidad de todos los días.

Este estrato social era reconocido en Latinoamérica y el mundo por ser muy numeroso, con un alto nivel cultural y una formación profesional a la altura de las primeras potencias mundiales. Y precisamente por ser un botín muy apetecible es que se la disputaban los políticos. Siempre se dijo, y con razón, que esta clase definía las elecciones.

Esta conjunción de convulsión social, intolerancia y resentimiento reinantes en estas tierras se transformó en el caldo de cultivo que fue aprovechado por facciones extremistas, las cuales, sembrando el terror, intentaron imponer por la fuerza su ideología y voluntad. Con esta desalmada actitud produjeron la también espantosa, ineludible, e igualmente violenta reacción del estado.

Creo que analizar y juzgar históricamente lo que pasó en la década del 1970 no es posible aún, pues las heridas son muy recientes y dolorosas, ambos bandos se acusan de todos los crímenes imaginables y respiran un amargo y profundo odio revanchista. Es esta contemporaneidad la que impide ser objetivo y justo, cualquier sentencia que esgrimiese sería suficiente para que uno fuese marcado como simpatizante de tal o cual y este no es el fin de este escrito.

Solo voy a decir que fue una página negra de nuestra historia, quizás el momento cumbre de la intolerancia que padecemos los argentinos, creídos de nosotros mismos como superiores, seguros que nuestro destino es la grandeza, como si fuésemos una "nueva Roma". Tenemos tan internalizado este espejismo que estamos absolutamente convencidos que no conseguimos ser la meca del planeta, no debido a nuestra inoperancia e incapacidad, sino por culpa de todo el mundo que está en contra nuestro. Somos tan ególatras que creemos que el resto del género humano está pendiente de nosotros y que somos víctimas de un complot internacional, o bien porque nos envidian o porque nos temen o vaya uno a saber por qué misterioso y descabellado motivo.

En abril de 1982, las fuerzas armadas de nuestro país, recuperaron las islas Malvinas, que se encontraban en manos de los ingleses desde 1833. Luego de unos meses y tras una guerra en la que la diferencia de capacidad militar en armamento, experiencia y logística era abismal, los británicos volvieron a expulsar a los argentinos de nuestro territorio insular y prácticamente decretó el punto final a toda posibilidad futura de recuperarlas por vía diplomática.

Es de destacar, dentro de este deplorable episodio, el valor y arrojo de nuestros hombres, tanto el de los militares de carrera como el de los conscriptos. Solo la entrega de estos patriotas, permitió equilibrar la balanza con la potencia mundial a la que nos enfrentábamos, la abnegada dedicación que mostraron en el campo de batalla fue reconocida incluso por los propios ingleses y merecen nuestro eterno y más sincero agradecimiento y una profunda admiración. Pero lamentablemente, la desoladora realidad es que han sido olvidados y despreciados por amplias franjas de la sociedad.

Los porqués de esta contienda son poco claros. Creo que cometeríamos un grave error si para explicar este absurdo recurrimos a la simplificación casi burda de decir que fue un capricho de un borracho desvelado. También incurriríamos en un desacierto de similar magnitud, si pensamos que solo fue un intento desesperado de un gobierno de facto que era muy discutido y que despertaba cada vez más tirria por parte de una sociedad, que comenzaba a extrañar la vida en democracia. Quizás estos dos factores junto a otros que desconocemos hayan precipitado los acontecimientos que desembocaron en esta contienda, lo cierto es que ignoramos los porqué y tampoco tienen relevancia a los fines de este escrito.

Otro aspecto a destacar es el apoyo casi unánime de la ciudadanía, quizás sin que tuviese una verdadera dimensión de lo que significaba ir a la guerra; era emotivo ver a las mujeres ofrecer sus joyas o a los chicos mandar chocolates a los soldados con cartas llenas de palabras de aliento dentro del envoltorio.

Es una lástima que debamos llegar a semejante trance, a tremenda amenaza para que nos unamos tras un ideal nacional, para que olvidemos pequeñas diferencias y protagonismos, para que coincidamos y avalemos algunos puntos básicos en común que nos sirvan de norte en la búsqueda de una mejor calidad de vida.

En 1983, los argentinos retomamos el camino democrático (democrático al menos en los papeles) y finalmente, parece que comprendimos lo inservible que son los golpes de estado.

En estos algo más de 30 años, se han sucedido gobiernos de diferentes partidos y perfiles, pero que sin embargo, han tenido un denominador común; la demagogia. La demagogia que es el vicio de la democracia.

Desde promesas que suponían un poder de la democracia casi mágico para resolver los problemas de educación, salud y pobreza; pasando por la fantasía de un estado capaz de desafiar las leyes de la economía (que es como querer negar la ley de la gravedad) y cubrir cualquier necesidad de las personas "gratis"; hasta el relativismo moral del postmodernismo, en el que "da lo mismo un burro que un gran profesor" y en donde "los inmorales nos han igualado".

Así como el denominador común de estos gobiernos fue la demagogia, el denominador común de los argentinos fue la falta de participación. La democracia y sobre todo la república no se compran "listas para usar"; se deben cultivar día a día. No alcanza con ser un habitante de la Argentina, hay que ser un ciudadano argentino.

Después de este rápido recorrido por nuestra historia, marcando aquellos momentos en que vivimos situaciones especiales y determinantes, que fueron modelando el ser nacional que somos hoy, hay dos inquietudes que deseo dejar planteadas para que cada uno desmenuce y analice en su interior para luego sacar sus propias conclusiones.

En primer lugar, definir si somos, como individuos, como sociedad y como país, independientes. No debemos confundir ser independiente con ser ermitaño; lo primero indica autonomía y autarquía en convivencia con otros semejantes, mientras que el ermitaño vive sólo. La toma de decisiones en la independencia es una elección, mientras que para el ermitaño elegir es una necesidad.

La independencia individual es precisamente ser un individuo, tener un conjunto de características personales y criterios únicos que nos conviertan en un ente exclusivo, singular e irrepetible. Un ser con la capacidad para discernir y que actúa respetando su propio juicio.

La emancipación social es reconocerse como un ser político, como parte activa en la vida de la polis (ciudad); es la antítesis de la masificación, la que podemos interpretar como la sumisión a la voluntad de la mayoría. Incluso la misma sociedad en su conjunto debe reconocer sus propias particularidades, debe aprovechar y beneficiarse de la experiencia y los cambios evolutivos de otras sociedades pero sin mimetizarse con aquellas que parecen brillar con más intensidad.

Por último, la independencia del país se consigue siendo parte de esta aldea global pero en calidad de protagonista. Vivir de "lo nuestro" no es independencia, es ser ermitaño.

En 1816 los argentinos conseguimos la independencia en lo declamativo, en lo militar la alcanzamos en el 1826, y en lo político en 1853 (con la constitución), pero aún no alcanzamos la independencia social, emotiva y cultural necesaria para consolidar el vital concepto del "ser nacional".

La segunda reflexión que se me ocurre, es referida al camino que ha seguido el país en sus jóvenes 200 años de vida. Antes del 1810 éramos una colonia periférica, sin importancia, olvidada de dios, perdida en el fin del mundo; apenas 100 años después llegamos a ocupar un lugar entre los diez países más importantes del planeta, demostrando una capacidad de progreso sin igual; y finalmente, hoy, a 100 años de ese fabuloso logro volvemos a estar en los últimos lugares del escalafón mundial.

Las preguntas obligadas son: ¿somos los peores del grado?, ¿qué nos pasó?, ¿qué hicimos mal?

Joaquín Salvador Lavado, alias Quino, creó, próximo al 1970, una tira cómica que podría considerarse más bien un brillante trabajo sociológico que una simple historieta.

Mafalda es un comic que plantea un modo de ser y sentir de la cuantiosa clase media que vivía en la Argentina en la década del 1970. Ha sido tan sentida y nos hemos sentido tan identificados los argentinos con ella que se ha transformado en un clásico que, a pesar de tener más de 40 años de existencia, sigue siendo una cita obligada.

Su figura central es Mafalda, una niña de 6 años cuyos dos juguetes preferidos son una radio y un globo terráqueo. Preocupada por la paz mundial, escucha los noticieros con la secreta esperanza de que estos comuniquen la finalización de los conflictos internacionales, el fin de la discriminación y del hambre en el mundo.

Es patriota, curiosa, generosa, contestataria, inconformista, pesimista en lo referido a la conducción política a nivel nacional y mundial y propensa a filosofar.

Es una niña obediente pero no sumisa, está ávida de conocimientos y recurre a sus padres en búsqueda de respuestas; estos suelen quedar estupefactos ante los planteos y requerimientos de su hija. En el colegio es aplicada y respetuosa de los docentes, se integra a todos los compañeros siendo tolerante para con quienes piensan distinto a ella.

No juega con muñecas u otros juegos propios de las niñas de su edad, como el de simular la vida de una ama de casa. Le espanta la idea de una vida chata, como la que lleva su madre, se niega a renunciar al desarrollo personal; prefiere estar al aire libre, en la plaza con sus amigos.

Tiene una mascota, una tortuga que se llama burocracia, en una franca alusión a la lenta reacción del gobierno y su aparato administrativo para con las necesidades inmediatas.

Su núcleo familiar es muy importante, ama a sus padres y a su hermano, al que protege e ilustra sobre la realidad Argentina.

Su padre es un oficinista que se esmera en su trabajo, aunque no le gusta lo que hace. Es un hombre sencillo, responsable, rutinario, con expectativas moderadas. Su hobbie es cuidar una planta, no sale con amigos y lo más importante para él es su familia y se desvive para que nada les falte.

Su madre es un ama de casa que abandonó los estudios universitarios al casarse y así poder dedicarse a su hogar y a su familia. Si bien ha aceptado esta situación y se ha resignado a ello, no deja de dolerle y Mafalda se lo recrimina. Es dulce y dedicada, reniega de los precios y del hecho que el dinero del sueldo no le alcanza. Al igual que el padre, tampoco se junta con amigas y no tiene pasatiempo alguno.

El Guille es su hermano, es unos 3 a 4 años menor que ella y para él, Mafalda es el nexo que le interpreta el mundo que está descubriendo; son muy compinches y se respaldan en el momento de enfrentar y cuestionar las decisiones de sus padres. Es ingenuo, tierno, pícaro y rebelde.

Felipe es 1 año mayor, extremadamente bueno, no tiene problemas con nadie; tímido, retraído y soñador. Fantasea con ser un héroe o un personaje famoso; pero no tiene la fuerza de voluntad para esforzarse y hacer lo necesario para alcanzar su anhelo; es perezoso y despistado. Le deprime y angustia el colegio y tener que hacer los deberes.

Manolito es hijo de un inmigrante español, con una pobre cultura e instrucción, es práctico, simple, rústico, terrenal y materialista; su fin en la vida es hacer crecer el almacén de su padre y ser un gran empresario como su ídolo Rockefeller. Le desagrada de sobremanera los Beatles, a quienes no comprende pues son bohemios y hablan en inglés; le parece que están locos. Le va muy mal en el colegio y discute en reiteradas oportunidades con Susanita, quien se burla de él acusándolo de bruto y lo discrimina.

Hablando de Susanita, este es un personaje sumamente discordante, es la mejor amiga de Mafalda, a pesar de que son diametralmente opuestas en la forma de pensar y actuar. Es una niña ultraconservadora, chismosa y parlanchina que vive aparentando; el único fin de su vida es casarse con alguien acomodado y tener muchos hijos. Es discriminadora pero en forma culposa, aunque parezca contradictorio y hasta paradójico no lo hace a sabiendas, no entiende su postura y los alcances y consecuencias de esta. Discute con Mafalda pues no comprende su preocupación acerca de los males del mundo. Pelea y maltrata a Manolito, a quien considera la antítesis del prototipo de hombre que imagina para ella. A pesar de todo esto, en varias ocasiones muestra tener un buen corazón y ser una buena amiga.

Miguelito es 1 año menor que Mafalda, es absolutamente ingenuo, presenta una visión del mundo que recuerda la cultura oriental, no está contaminado por la vorágine de la vida a su alrededor. Es querido por todos y todos escuchan con suma paciencia sus planteos y sus dilemas que parecen ser de otro planeta. En su dulzura se esconde una persona vana y sumamente avara a la que le preocupa muy poco lo que pasa a su alrededor.

Por último está Libertad. Es muy pequeña y a todos los que la conocen y se quedan mirándola les pregunta si ya sacaron su estúpida conclusión. Pienso que Quino la dibujó así "ex profeso", para reflejar la falta de libertad que se vivía en la década del 1970. Lo cierto es que este personaje es el de personalidad más fuerte, es extrovertida, descarada, radical en sus ideales y dice ser socialista. Es compleja, rebuscada en su pensamiento y paradójicamente se ve a sí misma como una persona sencilla; para reforzar esta idea repite a los cuatro vientos que le gusta la gente simple.

Después de este veloz y somero recorrido por entre los personajes de esta historieta, veremos si podemos sintetizar todas estas aristas en la figura de un habitante de nuestras tierras.

El argentino es una persona simpática, sociable y amable; que entra rápidamente en confianza; es generosa, divertida y amena. No es vago, pero no se desvive por el trabajo. Prefiere encontrar algún "curro" que le demande poco esfuerzo y espera ser beneficiado con algún cargo público, casarse con alguien con mucha plata o ganarse el "Prode" para no tener que trabajar más.

Vive pendiente de las apariencias y del "qué dirán", le gusta lucir un celular, un peinado, una ropa de marca o una pareja; detesta pasar desapercibido. Es hipócrita al esconder sus sentimientos secretos y en llevar más allá de lo cordial su relación con personas que aborrece.

En su cerebro hay dos enanos que guían sus actos, uno fascista y otro burgués. Estos dos pésimos consejeros conforman el perfil de un auténtico cortesano del reinado de Luis XVI. Gracias al primero se cree superior al resto del mundo, al que denosta con arrogante sorna; sus actitudes para con quien discrepa con él son autoritarias, ridiculizantes e intolerantes. El segundo liliputiense lo lleva a vivir un mundo de fantasía social y económica, digna de Walt Disney; mientras no deja de lamentarse por todas aquellas cosas que no posee y que intuye debería disfrutar casi como por un derecho innato, diría aristocrático.

Como dijimos, tiene la certeza de la exactitud de sus sentencias y menosprecia las ideas de otros, incluso descalifica a sus detractores con adjetivos peyorativos. Sueña con llevar la vida de un Dandy, que lo sirvan y se ve a sí mismo un escalón más arriba que quienes lo rodean.

Posee una capacidad intuitiva fantástica, inigualable, lo que lo transforma en un ser pragmático que resuelve sobre la marcha los problemas que se le aparecen. Lamentablemente esta característica, que es reconocida y apreciada en el extranjero, es utilizada generalmente para transgredir; infringir las normas es el deporte nacional.

No tiene una posición filosófica y política determinada, los dos partidos políticos más convocantes son en realidad, movimientos políticos que albergan en su seno caudillos de todo el espectro ideológico existente e incluso algunos inexistentes. Profesa ideales que suenan muy bien y aboga por un mundo fantasioso sustentado en buenas intenciones; pero, al momento de tomar decisiones y de actuar, su comportamiento no es consecuente con sus palabras.

Somos patrioteros y localistas, nos peleamos con nuestros vecinos latinoamericanos, con los norteamericanos, con los colonizadores españoles y entre nosotros mismos. Estamos divididos entre los del interior por un lado y los porteños por el otro. Pero esto no termina ahí, a su vez, el interior esta desintegrado y fraccionado en el interior del interior y la capital de cada provincia. No existe la unidad nacional, no estamos unidos tras algunos objetivos en común, solo estamos amontonados bajo el estandarte del recelo.

Esta confrontación permanente entre nosotros está reflejada en una anécdota de Domingo Faustino Sarmiento que narra qué, estando en una reunión con representantes de todo el país, mientras comía una empanada, el cuyano comentó: "La verdad es que ninguna empanada en el mundo vale la empanada sanjuanina". Ante dicha afirmación, cada cual defendió las virtudes de las empanadas de su terruño, desdeñando a las otras. Cuando la conversación se tornó en discusión, Sarmiento los interrumpió diciendo: "Señores, para hacer valer cada uno la empanada de su predilección, hemos hecho caso omiso de la empanada nacional. Esta discusión es un trozo de historia Argentina, pues mucha de la sangre que hemos derramado ha sido para defender cada uno su empanada".

El mejor amigo de los argentinos no es el perro, es el chivo expiatorio. Este abnegado animal carga sobre sus espaldas todas nuestras culpas, liberándonos de cualquier responsabilidad y aliviándonos el cargo de conciencia. Responsabilizamos siempre al resto de nuestro fracaso.

No nos gusta apegarnos a las reglas, creemos que estamos por encima de ellas; como si las leyes estuviesen hechas para otros que no tienen nuestra capacidad superior de comprender la naturaleza y el espíritu de quienes imaginaron y desarrollaron los códigos de convivencia social que nos rigen. "Todo esto, piensa el argentino, es para la chusma, no para la gente como uno".

Por último está la famosa "viveza criolla", el "vivo" es el paradigma del ser ventajista. Esta calamidad patognomónica de nuestra estirpe la desmenuzaremos más adelante.

Ahora bien, si en el balance de nuestros defectos y virtudes, parece que la columna del debe es mucho más larga y más grave que la del haber ¿cómo es posible que aun existamos como país? ¿Cómo es posible que aún existamos como comunidad?

No tengo la respuesta, no sé si sea nuestra capacidad de adaptación, o nuestro encanto, o simplemente el azar, pero en definitiva, la única realidad es que seguimos vivitos y coleando.

CAPÍTULO 2

¿DÓNDE ESTAMOS?

¿Qué pasó con Mafalda?

Pasó el tiempo y los años se convirtieron en décadas, y ahora nos preguntamos: ¿Qué fue de la vida de esta entrañable niñita?

Para comenzar debemos decir que la sociedad en la que vivió Mafalda hace poco menos de 40 años ha desaparecido prácticamente por completo, persistió hasta comienzos de la década del 1980 pero ya no existe ni por asomo.

Han cambiado los modelos sociales e individuales de la comunidad en la que vivimos; se ha pasado de una concepción de principios rígida y terminante a una en la que se toleran y aceptan los más diversos conceptos de lo que es o no es correcto, la única limitante es que no produzca un daño evidente, corporal, directo y mediático sobre un tercero. Incluso se han dejado de valorar las acciones por el hecho de ser o no ser correctas, no se somete nada a una valoración ética sino a una valoración de utilidad, pero de una utilidad instantánea, física y material, casi animal.

Se ha pasado de una sociedad de blancos y negros a una de grises, en donde su peculiaridad es la pseudo-tolerancia casi total. Digo que esta tolerancia es falsa pues solo soporta la diversidad de sus iguales, pero no tolera a los distintos; se vende al público con una imagen mentirosa, seductora e irreal. No se tolera, e incluso se desprecia, a quienes quieren vivir de acuerdo a los blancos y negros; sólo se tolera a quien adscribe a la ética de los grises.

Son en realidad dos posturas de vida diametralmente opuestas, pero intolerantes una con otra por igual; ambas pecan de extremistas, una está en el extremo de lo estricto y la otra en el de lo ambiguo.

El porqué de la desaparición de este modelo de sociedad quizás podamos desentrañarlo a lo largo de estas líneas.

Para imaginar qué ha pasado con Mafalda, hay que analizar qué ha pasado con aquellos que pertenecen a su misma generación. Pertenecen a este grupo etario aquellas personas que tienen entre 45 y 65 años, son los ciudadanos activos, o sea el grupo productivo y jerárquico de nuestra población.

Ahora la pregunta es; si quienes determinan las reglas de convivencia que se aplican en la actualidad, se criaron y "mamaron" el modelo "Mafalda", ¿por qué han cambiado tanto las cosas?, ¿cómo es que han perdido el control quienes deben detentarlo?, ¿o han cambiado su forma de pensar?

Es difícil buscar explicaciones, y más aún cuando para encontrarlas quizás debamos dejar a un lado los prejuicios y enfrentar la realidad, aunque para ello recalemos en reflexiones que no se consideren políticamente correctas.

A continuación trazaré un bosquejo de lo que imagino sucedió con Mafalda y los otros personajes de esta famosa historieta. Los describiré según presumo respondieron a los cambios que han sucedido en nuestro país.

Hoy Mafalda es una mujer de clase media, una profesional. Está casada e intenta llevar adelante una familia, imprimiéndole un fuerte rasgo tradicional a la educación de sus hijos. Ha alcanzado un desarrollo económico modesto, busca ser independiente aunque tiene un "carguito público" del que reniega. Militó en su juventud dentro de algún partido político que presentaba un perfil socialdemócrata moderado, pero se ha alejado del mismo, asqueada de la mediocridad que se respiraba en él. Vive a contramano de las pautas sociales actuales y añora las épocas pasadas. Tiene Internet y es partícipe activa en las cadenas de mensajes impotentes que circulan por la red, mensajes referidos a los desastres nacionales así como las cadenas de pedidos religiosos.

Sus padres aún viven juntos, el padre se ha jubilado en la oficina en la que siempre trabajó, habitan un departamento cómodo y modesto; resignado y triste al no poder mudarse a una casa como siempre soñaron. Se conforman cuidando algunas plantitas, principal pasatiempo del padre. No tienen vida social activa, mantienen el perfil bajo que siempre tuvieron y solo esperan que llegue el fin de semana para ver a sus nietos.

El Guille se ha transformado en un hombre dedicado a las relaciones públicas, también se ha casado y vive la vida con más pragmatismo que Mafalda, aceptando la realidad y adaptándose a ella.
Discute con su hermana y su padre durante los almuerzos del domingo, a los que siempre llega tarde, sobre cuestiones de actualidad y sobre el futuro del país.

Felipe está casado con una mujer dominante; estuvo de novio un tiempo con Susanita, pera las pretensiones que ella tenía no compatibilizaban con las modestas ambiciones de él. Había iniciado estudios universitarios, en la facultad de ciencias económicas, los que no finalizó. Sin embargo, este antecedente le permitió obtener un trabajo en una oficina. No tiene grandes anhelos, es austero y más de una vez fue engañado y estafado por su buena fe.

Manolito se ha transformado en un self made man versión argentina. Concluyó los estudios secundarios con un gran esfuerzo, incluso repitiendo un año. Una vez que terminó con la tortura del estudio, se dedicó de lleno a trabajar en el almacén de su padre. A fuerza de empuje y esfuerzo, ha podido hacer crecer el negocio familiar y lo ha transformado en un supermercado barrial. No se conforma con eso y sigue proyectando crecer aún más, pero sus propias limitaciones y la falta de orientación profesional le dificultan concretar sus iniciativas.

Susanita dejó el barrio. No ha olvidado a sus amigos, pero su búsqueda de nuevos horizontes la ha llevado a intentar integrar otros círculos sociales. Inició una carrera universitaria, pero en realidad nunca tuvo la intención de graduarse; solo ingresó a una casa de altos estudios a la caza de aquel hombre que le dé el bienestar y el status social que ella sueña. Se ha casado con el mejor proyecto de marido que consiguió, pero su matrimonio vivió en un estado de tensión permanente por los continuos reclamos e inconformismos de ella; hasta que, finalmente, se separó de su esposo. No se da por vencida, sigue intentando atrapar su cónyuge perfecto.

Miguelito no cambió en nada, solo está más viejo. Es soltero, bohemio y solitario, aunque no ermitaño. Se convirtió en un artista plástico que incursiona también en las letras; no tiene grandes pretensiones en lo que se refiere a fama y fortuna. A pesar de los años continúa planteándose preguntas que nadie comprende y para las que tampoco hay quien conozca las respuestas.

Por último está Libertad. Ella completó una carrera terciaria que le permitió conseguir un buen trabajo en una empresa muy importante. Tiene la capacidad para crecer dentro de la misma, pero se ha transformado en una sindicalista y militante política de algún partido de izquierda, este hecho causa escozor dentro de la patronal y le resta toda posibilidad de ascenso. No reniega de ello, es más, se siente orgullosa y lo exhibe como un estandarte.

La transformación que ha sufrido la Argentina debe ser estudiada teniendo en cuenta todas sus vertientes. Sin embargo, eso es demasiado difícil de realizar si no describimos y desciframos diversos aspectos por separado para finalmente enlazarlos en un todo.

Vamos a desmembrar arbitrariamente a nuestra sociedad y sus acciones para poder apreciar las características propias y distintivas de cada área y los cambios que ha sufrido con respecto al modelo de sociedad que imperó hasta los comienzos de la década del 1980.

Antes de comenzar a peregrinar por el laberinto de nuestra realidad quiero dejar bien en claro, para aquellos enanos mentales malpensados que tildan a la gente desde la ignorancia, que aborrezco todas las formas de totalitarismo y que soy un ferviente demócrata republicano. Y es precisamente desde esta condición que critico nuestro desempeño como país.

Deseo que lleguemos a ser una sociedad madura; y en nuestro crecimiento lento y tortuoso, necesitamos corregir profundas falencias. Lo primero que debemos hacer para corregirlas es reconocerlas, luego asumirlas para finalmente resolverlas. El ocultar o acallar nuestros errores no es una prueba de amor, ni un camino de superación, al contrario, es el sentenciarnos a la mediocridad ante la presunción de que somos incapaces de ser mejores y que esta es la mejor expresión de nuestro ser nacional.

La familia ha sido definida como la base de la sociedad, como la célula básica del organismo social; esta descripción, cabal y certera, nos permite, al analizar lo que ocurre en nuestras familias, entender mucho de lo que pasa en nuestra patria.

La organización familiar que predominó hasta principios de la década del 80 era paternalista, con una clara división de tareas y roles diferenciados en lo referido al hombre y a la mujer.

La figura masculina era la responsable de "llevar el pan a la casa", era quien estaba trabajando afuera y que con el dinero que traía, enfrentaba los gastos que se generaban en la familia. En los momentos en que los hijos se declaraban en rebeldía para con una determinación de la madre, la suya era la última palabra, sus sentencias eran inapelables. El padre era el filtro que se encontraba en el exterior, alejando aquellas cosas que consideraba nocivas para su progenie; y que cuando esta comenzaba a dar sus primeros pasos sola en la selva de cemento fuera del hogar, se convertía en el bastión sobre el que se apoyaba y el tutor que orientaba su andar.

La madre era el centro neurálgico del hogar, el eje por donde pasaban todos los movimientos familiares; regulaba y coordinaba las actividades de los miembros del clan. Era el filtro que se encontraba en el interior del lar; como si fuese un juez de primera instancia, resolvía la mayor parte de las vicisitudes que se presentaban, dejando las más complejas para zanjarlas junto a su marido.

Los hijos eran el centro de atención de la familia. Los padres se proyectaban en sus herederos y todos los esfuerzos realizados, tenían como meta el allanarles el futuro, eran la prioridad. La mayor satisfacción a la que como padres aspiraban, era ser reconocidos como buenos progenitores en la impecable conducta social de sus hijos, tanto en la escuela, en las casas de sus amigos o en la calle.

Los abuelos ocupaban un importante lugar en este tejido doméstico, siendo referentes familiares; en ocasiones mediaban en las discordias que se presentaban en el clan y así mantenían la armonía entre los parientes. Eran muy queridos por los nietos y se mimaban mutuamente; la relación entre ellos era de condescendencia por parte de los mayores y de respeto del lado de los infantes.

El vínculo con el resto del clan era menos estable, quizás el único día de la semana en el que se reunía la mayoría de los miembros de "la gran familia" era el domingo a la hora del almuerzo, evento tradicional de la cultura latina (sobre todo italiana) fuertemente arraigado en nuestras costumbres de entonces.

Hasta aquí hemos hablado de las cosas positivas que engalanaban a las familias; pero la otra realidad que se vivía, crítica y negativa, era la sumisión de la mujer en la relación de pareja, la desvalorización de las tareas hogareñas, la pérdida de vida social propia y el sometimiento al poder de la billetera.

La reacción de las mujeres a esta postergación fue la progresiva búsqueda de una mayor estima para con el llamado sexo débil, hasta lograr alcanzar un nivel similar al de los hombres. Esta equiparación se fue haciendo realidad lenta y progresivamente, pero se vio detenida en el momento en el que se ubicó en un lugar preeminente del balance familiar el dato de quién aportaba el dinero. Esta mercantilización doméstica trajo la esperada respuesta femenina, la búsqueda de contar con sus propios ingresos monetarios.

Así la sociedad marital, que se basaba en la división del trabajo, con un socio capitalista y otro ocupado en los quehaceres, cambió a una en la que ambas partes superponían sus funciones y comenzaban a competir en vez de complementarse. La mujer salió a la calle a trabajar y en procura de alcanzar una igualdad de derechos con el hombre, tomó el camino que la condujo a adquirir una igualdad de hecho. Esta nueva realidad produjo un desbalance en la aceitada maquinaria llamada hogar.

Antes de continuar con este análisis, quiero dejar en claro que considero justo y necesario el reclamo de las mujeres de un trato igualitario para con los hombres; lo que no comparto es el camino que se ha tomado para alcanzarlo. No sé si existía otra vía posible para llegar a la deseada equiparación, pero creo que esta senda ha traído tantos o más perjuicios que beneficios y son las propias damas las principales damnificadas.

El ingreso de la mujer al campo laboral duplicó la oferta de trabajadores, mientras que la demanda se mantuvo estable, este desbalance en el mercado acarreó el consiguiente descenso del precio del producto llamado salario, o sea de los sueldos. Debido a esta merma del valor neto del trabajo, a pesar de que ahora son dos los que realizan el aporte pecuniario familiar, no se duplicó los ingresos en los hogares; en contrapartida, si aumentaron los gastos en rubros como guardería, transporte o personal doméstico; haciendo un balance, sospecho que este cambio no trajo una mejora en la economía hogareña.

Vuelvo a repetir, no se debe entender esto como una posición machista; si se hubiesen cambiado los roles, o sea que todas las mujeres trabajasen y los hombres estuviesen en sus casas, este desequilibrio en el mercado laboral no habría acontecido.

Desde el punto de vista de la estructura familiar, la ausencia de un referente dentro de la casa trajo aparejada la pérdida de la contención de los menores; el filtro que había en el interior del hogar, encarnado en la mujer, había dejado su lugar desierto.

Los hijos, al estar gran parte del día sin la supervisión de los mayores, comenzaron a tomar decisiones por su cuenta sin someterlas al arbitrio de nadie; estas fueron escalando en importancia y pronto versaban no sólo sobre las cosas que sucedían dentro de la casa sino también afuera de ella, con sus coetáneos, en la escuela y en la calle.

Sobre esta base desarticulada y confusa, se produjo en 1983, el advenimiento de la democracia en Argentina. Se creyó que esta resolvería con su sola presencia todos nuestros problemas, y confundimos su ámbito de aplicación, trasladando su ejercicio de la vida cívica al ordenamiento del núcleo familiar.

La libertad que viene implícita con la democracia no supone anarquía, para que haya libertad debe haber autoridad, debe haber un poder que regule los deberes y haga respetar a todos los derechos de los demás. Ese poder regulador dentro del hogar lo deben ejercer los padres sobre sus hijos; lamentablemente los propios mayores confundieron autoridad con autoritarismo, y como recién salíamos de una época tormentosa en el plano civil, personificada en la dictadura, no se supo interpretar, diferenciar y aplicar el concepto jerárquico, confundiendo autoridad paterna con padres autoritarios. Así fue que los hijos se apropiaron de un status que no les correspondía y exigieron tomar decisiones que no les competían, para las cuales no estaban preparados ni tampoco les cabían las responsabilidades inherentes a ellas.

Esa sensación de los hijos, de ser seres todopoderosos, con la capacidad irrestricta de realizar lo que su antojo le indicase, se trasladó a su vez a la calle. La falta de límites dentro del hogar, llevó a los jóvenes a creer que tampoco debían someterse a restricciones en los demás ámbitos de la vida y siguiendo este razonamiento se sintieron en igualdad de condiciones y jerarquía que los adultos, que las autoridades o que los docentes; más aún, la impunidad que los ampara por ser menores les infunde un sentimiento cercano a un semidios, como si estuviesen más allá de la justicia de los hombres.

Así comenzaron a discutir las disposiciones con un tono cada vez más imperativo, hasta llegar a querer imponer su parecer por medio de la fuerza. Aprovechando el miedo de los mayores de ser o parecer autoritarios, fueron ganando terreno, y bajo el manto de la impunidad, el descaro reemplazó al decoro.

Otro de los aspectos que hay que mencionar, es la pérdida de un referente laboral dentro del hogar. La gran cantidad de subsidios, planes sociales, aportes alimentarios y "no sé cuántas cosas más", ha llevado a una parte importante de la población a vivir de la dádiva y del favor del gobernante de turno. La clásica imagen del padre saliendo temprano a trabajar y volviendo a la noche cansado, fue suplantada por la de la cola en el banco para cobrar la limosna, o la visita al puntero político del barrio, o la concurrencia a alguna movilización. ¿Cuál es la conclusión a la que arriban los jóvenes que se crían en este ambiente? Simple, no hay que estudiar ni esforzarse para poder vivir; sólo hay que tener los amigos apropiados y no tener vergüenza de pedir.

La deleznable degradación de pedir limosna, esa era otrora, la mayor humillación que podía padecer alguien que se sintiera responsable de la manutención de su familia. El orgullo de conseguir las cosas por el esfuerzo propio y el mérito es considerado en la actualidad como un disparate, quien se afana para alcanzar sus metas en lugar de pedírselas al gobierno es considerado poco menos que un tarado.

Observamos también que las familias fueron progresivamente perdiendo el espíritu religioso. La iglesia fue sustituida por el Shopping. La práctica evangélica (mayoritariamente somos católicos en Argentina, aún con cierta hipocresía en su ejercicio), inducía a los integrantes de la familia a ser personas simples, de pretensiones modestas y a contar con valores bastante firmes; en cambio en la actualidad el sacerdote fue reemplazado por el personaje televisivo de turno, su sermón por la propaganda y los ideales por el materialismo irreflexivo.

Indudablemente, este hábito religioso servía de apoyo a los padres para fundamentar las restricciones que imponían a su descendencia, gran parte de la logística diseñada en las casas tenía su correlato en el esquema de la iglesia católica y su prédica.

El caso de las hijas que son fruto de estas caóticas familias actuales, es aún más complejo. Sumado a lo antes descripto, estas púberes ven como natural y deseado la igualdad de hecho que existe entre los mayores de ambos géneros; por lo tanto ellas deciden comportarse igual que los varones, rechazando los modos femeninos.

Las mujeres adultas compiten en el ámbito laboral con los hombres, pero mantienen cierta actitud de señora; las adolescentes reniegan de esa condición elegante y se mimetizan con el accionar rústico de los varones. Los conceptos de pudor, delicadeza o gracia fueron suplantados por los de concupiscencia, procacidad y ordinariez.

En el caso de los varones hay un cambio cultural que está signado por un rechazo a las conductas varoniles y caballerescas; postura generada, quizás, como respuesta a la actitud femenina. La conjunción de ambas actitudes desembocó en lo que gusto llamar "la moda unisex".

La moda unisex

Como hacía referencia en el capítulo anterior, estamos viviendo un cambio en la cultura sexual en el que también predomina la filosofía de los grises y un descrédito de los extremos.

Es menester en primer lugar, dejar en claro que el hablar de sexualidad no se limita sólo al acto copulativo, va mucho más allá. Es necesario entenderla como un reconocimiento de género, como un papel a interpretar dentro de la obra de teatro que es la vida en sociedad, en la familia y en la pareja.

En el juego de seducción, repito no sólo hablo de aparearse, los libretos de cada quien se han repetido generación tras generación. La imagen de pudor, decoro y serenidad adornaba la figura de la mujer, mientras que el hombre se expresaba con extraversión y acometiendo casi con procacidad. él en un papel activo y ella en uno pasivo; él como acción, ella como reflexión.

Vuelvo a pedir no se malinterpreten mis palabras ni se le busquen intenciones retorcidas encubiertas, no hago juicio de valor en cuanto a quien era mejor o peor porque no es factible efectuarlo, eran distintos y los distintos no son antagónicos, ni comparables, son complementarios.

Considero que los actos del hombre responden casi siempre a una acción de la mujer, o sea que en realidad el macho reacciona y no acciona. Luego, el ingreso de la mujer en la vida laboral de la sociedad, la llevó a tomar gestos y actitudes masculinas, invadiendo en forma progresiva y exponencial el libreto del macho. Intuyo que esta postura que adquirió al ingresar al "mundo de los hombres", se debió en primer lugar a una necesidad de no ser discriminada y luego a las ansias de seguir creciendo en este campo que le fue vedado por tanto tiempo.

Así fue que el hombre se encontró repentinamente con una nueva mujer, que no respondía igual al cortejo, que demandaba cosas nuevas y que incluso, imagino, ni siquiera tenía bien en claro qué quería. Lo único que sabía en forma inequívoca, es que pretendía no ser discriminada ni sometida como hasta entonces. De este modo, esta búsqueda de mayor igualdad de derecho, mal encaminada y tergiversada en igualdad de hecho, le presentó al hombre la necesidad de adaptarse a las nuevas reglas de esta flamante fémina. Ya no seducía a las mujeres el macho; la diferencia marcada de blanco y negro, del ying y yang estaban perimidas; había que ser más gris, si la mujer se había acercado a la indefinición, el hombre debía hacer lo mismo…y lo hizo.

Este deslizarse hacia un punto medio, se puede percibir en pequeños detalles, desde la forma de vestir, pasando por la caballerosidad hasta llegar a los roles en las relaciones sexuales; todos ellos cambiaron. No es casualidad que no se use más sombrero, ni que no se consienta a las mujeres, ni que los travestis hayan desplazado a las meretrices de la calle. Tampoco es accidental que las damas practiquen deportes violentos o que los hombres piensen más en los perifollos que en el gimnasio o que se practique el sexo sin reglas en cuanto al número de participantes o los papeles que van a cumplir cada uno de ellos.

No soy quien para decir si esto es lo óptimo o no, no me arrogo este derecho ni creo tener la verdad revelada, sólo digo que no condice con mi gusto y parecer esta forma de proceder. Muy a pesar de quienes me puedan tildar de anticuado, retrogrado o paleolítico, creo que esto no es natural, no es correcto. Al exponer estas afirmaciones no estoy realizando un juicio ético o moral, sino una valoración sustancial, inherente a la naturaleza propia de los géneros, a la esencia y lógica de seres diferenciados.

Estamos transitando un tiempo de cambios, hemos entrado a un territorio desconocido del que no tenemos mapas ni guías que nos indiquen qué nos depara más adelante esta travesía. Sólo podemos contar con nuestro intelecto para fijar un rumbo, la dialéctica es la brújula que puede socorrernos en el futuro inhóspito al que nos dirigimos.

Para poder referirme a este tema tan escabroso, utilizaré como disparadores dos eventos recientes.

En el año 2016, el poder legislativo de la provincia de Buenos Aires, sancionó la ley de Paridad de Género para los cargos electivos de su distrito. Dicha norma impone la obligatoriedad de conformar las listas de candidatos con el mismo número de mujeres y hombres.

Veamos algunas de las opiniones de los referentes políticos de ese momento.

El senador Jorge D'Onofrio dijo: "Llegó el momento de dejar de hablar de igualdad con las mujeres y ponerla en práctica", y añadió: "Hay que hacerlo no porque es políticamente correcto el discurso, sino porque la paridad es una necesidad en esta sociedad tan asimétrica que vivimos".

En esta línea, la diputada Sandra Paris explicó que el fin es "lograr cambios para establecer igualdad de acceso a los cargos legislativos y ejecutivo". Por su parte Malena Galmarini consideró que se trata de "un paso hacia una sociedad más igualitaria".

La esposa de Sergio Massa también recordó que "en los 50, hubo que pelear para que las mujeres pudiéramos votar y hoy avanzamos respecto de los derechos de las mujeres", mientras que Lucía Portos aseveró que "esta ley amplía derechos".

Este es el típico ejemplo de la confusión entre igualdad de derecho e igualitarismo o igualdad de hecho. La primera se alcanza mediante la libertad, mientras que la segunda se consigue sólo a través de la esclavitud.

Paradójicamente, a pesar de que estas medidas parecen ser a favor de las mujeres, no son más que nefastos discursos de demagogos oportunistas, discursos que nos conducen inevitablemente a la pérdida de la libertad, al ninguneo del mérito y a la denigración de la mujer y de su dignidad.

El senador Jorge D'Onofrio dijo: "la paridad es una necesidad en esta sociedad tan asimétrica que vivimos", en sintonía la diputada Sandra Paris dice: "lograr cambios para establecer igualdad de acceso a los cargos" y Malena Galmarini agrega "un paso hacia una sociedad más igualitaria".

Los tres referentes abogan por la igualdad de hecho. No les interesa la capacidad del aspirante al cargo, tampoco su preparación; prefieren relegar a un brillante integrante de la lista de candidatos (sea hombre o mujer), por uno del sexo opuesto con tal de que el número sea parejo.

Por otra parte, el definir un porcentaje de bancas que deben ser ocupadas por mujeres, es algo absolutamente machista. ¿Por qué no definir un porcentaje de bancas para los hombres? Quienes redactaron el proyecto y quienes dan la noticia, muestran ser los primeros en menospreciar a las mujeres, además de atentar contra el derecho cívico de cada argentino de elegir a quien uno desee, más allá de su género.

Nuestra Constitución no restringe la integración del poder legislativo sólo a los hombres. El espíritu de nuestra Ley Primera, es el de conformar los órganos de gobiernos con los mejores hombres (genérico, hombres y mujeres) posible; meta de excelencia d e nuestra Constitución que, al ver los debates de nuestros representantes en el poder legislativo, queda en evidencia se encuentra a años luz de distancia.

Por supuesto que en el siglo XIX no se elegían mujeres para ocupar cargos en el gobierno; pero eso no tiene que ver con el derecho actual, sino con el desarrollo histórico cultural. En nuestro país hemos tenido, hasta hace poco tiempo, una presidente reelecta, actualmente tenemos una vicepresidente y una gobernadora conduciendo los destinos de la provincia más grande de Argentina. Creo que las mujeres son absolutamente reconocidas en la política de nuestra patria y considero que han sabido ganarse su lugar sin necesidad de una ley que las proteja, han mostrado tener suficiente mérito y respeto como para necesitar alguna deferencia especial.

Por otra parte ¿cuál sería el problema si todos los legisladores fuesen hombres? ¿Y si todos fuesen mujeres? No me interesan los genitales de nuestros congresistas, ¡si me importan sus neuronas y su moral!

Debemos aprender a elegir, debemos dejar de seguir a quienes promueven la guerra de los sexos, dejemos de pensar en términos de hombre o mujer, judío o cristiano, oficialista o anti, amigo o enemigo. Discriminemos entre honesto o corrupto, capaz o inútil, respetuoso o insolente.

A su vez, la esposa de Sergio Massa suma confusión sobre confusión al comparar este igualitarismo en el reparto de bancas con la lucha (absolutamente justa y necesaria) por el derecho al voto de la mujer. Volvemos a lo mismo, confunden hacer iguales con tratar igual.

Y como máximo desvarío acerca de este tema, Lucía Portos asevera que "esta ley amplía derechos". Las mujeres no han tenido restricción para integrar cargos electivos, su postergación se debe a un problema cultural, no legal. Creer que "la ley amplía derechos" es no conocer de lo que se habla o es buscar engañar deliberadamente a la población. La ley puede reconocer derechos inherentes al ser humano, no puede crear derechos que vayan más allá de los implícitos en la naturaleza humana; todo lo que prescriba en ese sentido será un privilegio, todo lo opuesto a un derecho.

El otro episodio al que voy a hacer referencia es el topless que realizaron tres mujeres en una playa de Necochea a principios del 2017. El argumento que esgrimieron los defensores del teórico derecho de las mujeres a exhibir sus mamas, procura establecer una igualdad de hecho (igualitarismo) que afecta una norma de convivencia, afecta la igualdad de derecho de terceros.

Sólo me remitiré al análisis del igualitarismo en este capítulo ya que el tema de las normas de convivencia excede este título.

El primer error de las defensoras del igualitarismo, es el considerar que las mamas de los hombres y las mujeres son dos entidades iguales, siendo que son diferentes desde los aspectos anatómico, fisiológico, sexual, estético, cultural y social.

En lo anatómico, el volumen y la forma de las mamas de cada sexo son distintas, así como el desarrollo del complejo areola pezón. Creo que eso no necesita que me explaya en demasía.

Fisiológicamente también difieren, la mama de la mujer está en condiciones de lactar y por consiguiente amamantar.

La propia naturaleza reconoce la diferencia que se presenta entre ambos sexos en las patologías mamarias. El aumento del tamaño del seno en un hombre se llama ginecomastia, los quistes son casi patrimonio exclusivo de las mamas femeninas y los tumores se presentan mayoritariamente en las mujeres en una relación de 100 a 1.

En lo referido a lo sexual, el crecimiento de los senos pertenece al grupo de los llamados caracteres sexuales secundarios (comprobable en cualquier libro de medicina) y son un punto erógeno (debido al desarrollo de las terminales nerviosas) significativamente más importante en la mujer que en el hombre.

El valor estético es claro. Los hombres heterosexuales no se colocan implantes mamarios. Por su parte, la mujer se coloca implantes mamarios porque considera que sus mamas son un baluarte de su femineidad, desea sentirse y verse "mejor" como mujer. Y eso es absolutamente válido.

En el aspecto socio-cultural, podríamos escribir un libro acerca del papel de las mamas en la historia, pero centrándonos en el hoy y en nuestra cultura, las mamas pertenecen al espectro de aquellas cosas que pertenecen al espacio privado, tanto por el interés de la dueña de las mamas como por los demás ciudadanos.

En este aspecto, podemos ver que una mama al aire no causa necesariamente rechazo. Por ejemplo en el caso de una mujer que esté amamantando; la imagen no es sexual. Aún a pesar de que existen corrientes psicológicas que hacen referencia al erotismo que produce en la mujer el amamantar a su hijo.

Más aún, incluso la exposición de los órganos sexuales no tiene indefectiblemente un carácter sexual. Si un niño o una niña de un año de edad corren desnudos por la playa, esa desnudez no tiene un carácter sexual.

Así vemos que el hecho de la desnudez en sí no es un foco de la discusión, si lo son las condiciones del efector y cómo impacta este hecho en el prójimo.

El feminismo de la llamada tercera ola, pretende desconocer estas diferencias, aduciendo que sólo son unas glándulas como las del hombre, una "inocente" parte más del cuerpo.

Esto no soporta un análisis intelectualmente honesto. De ser tal como lo refieren las feministas, las mujeres no deberían por qué tener reparos si un amigo las saludase con una palmeada en la mama en lugar de la espalda ó si en lugar de darle un beso en la mejilla se lo diese en el pezón. No existiría la figura de abuso deshonesto para el caso en el que alguien "manoseara" las mamas de una mujer o de una niña.

Ante este planteo que he llevado adelante, las defensoras de "la igualdad mamaria" aducen que nadie tiene porqué invadir su privacidad y tocarle los senos o cualquier otra parte del cuerpo. Por lo tanto nadie debería tocarle el hombro a nadie (ni hombre ni mujer) para avisarle que se le cayó algo en la calle, un absurdo.

La insistencia en querer considerar iguales los cuerpos de ambos sexos (otro aspecto de la moda unisex), nos llevaría a definir como un privilegio injusto el otorgar un franco laboral a una mujer por su menstruación, o la licencia por embarazo o la tenencia de los hijos o la cuota alimentaria o la jubilación anticipada. La cadena de incoherencias sería interminable.

La igualdad ante la ley, que es una reivindicación justa y necesaria, no tiene nada que ver con estas nimiedades; equiparar el topless o la paridad en los cargos públicos con logros como el voto femenino es tan descabellado como ignorante o mal intencionado.

Los neologismos como presidenta, intendenta o concejala, o los muñecos de los semáforos peatonales con pollera, son otro ejemplo de estas tonterías tragicómicas.

No se puede alcanzar la igualdad de derecho profundizando diferencias, no se logra el respeto mediante leyes, no se consigue una paridad en la consideración más allá del género si profundizamos las diferencias.

Los derechos humanos son humanos, no discriminan por género, respetemos a las personas por su condición de persona y terminemos con este enfrentamiento inconducente.

Este es uno de los puntos que más ha cambiado en los últimos 30 años. No sólo en lo referido a los planes de estudio y a los criterios y sistema de evaluación, sino también en lo que concierne a la actitud de los padres, alumnos, docentes y autoridades. La comunidad educativa en su conjunto ha tomado un rumbo casi opuesto al que llevaba hasta el advenimiento de la democracia en 1983.

Históricamente, la relación entre la maestra y el alumno era cordial, comprensiva, amable, incluso cariñosa; pero decididamente verticalista y diferenciada. Cada cual ocupaba su lugar, cumplía con un papel concreto y los límites en los cuales uno se podía desenvolver eran claros y nítidos.

El maestro tenía cierta libertad para establecer prioridades dentro de los contenidos a enseñar, así como también la tenía en lo referido a las herramientas que considerara más útiles para transmitir esos conocimientos. Pero la tarea del docente no se limitaba al programa del ministerio, además inculcaba normas de buena educación y de convivencia, el respeto por el otro, el deber cívico, y un sincero amor a la patria.

Tenía el docente el poder de sancionar o de aplazar a un alumno; por lo que, quien incumpliera con sus directivas referidas al comportamiento o a la instrucción, podía ser penado.

Ese respaldo punitivo que tenía las decisiones del educador, se hacía efectivo por el apoyo de los padres, de los directivos y de las normas; así sus sentencias eran prácticamente inapelables.

Todo este marco se ha perdido. Se desafían las decisiones del maestro, quien ha quedado desamparado, teniendo que enfrentar no sólo a los alumnos que se rebelan, sino, además, a los padres que son obtusos en lo que se refiere a la formación de sus hijos. De igual manera, fueron abandonados por los directivos que no "quieren" problemas y como si no fuese suficiente, desautorizados por las normas dictadas por los ministros, que sólo buscan que los alumnos pasen de año sin importar el cómo.

Lo único que les interesa a los gobernantes es el resultado estadístico, sólo importa que figuren como aprobado y como es muy difícil elevar el nivel académico, han optado por bajar el grado de exigencia.

Esto lleva a un círculo vicioso en el que se va descendiendo por la escalera que conduce al sótano de la incultura. "Total" en las estadísticas no se refleja la calidad, sólo figuran las frías e insustanciales cantidades; en síntesis, las estadísticas son la mentira elevada a la calidad de ciencia.

Esta burda idea de tomar este atajo, para así mejorar los resultados cuantitativos por medio de mezquinas evaluaciones, sin elevar la calidad de la enseñanza; paradójicamente (o no tan paradójicamente) produjo el efecto opuesto. Basta ver los índices de aplazo, de repitencia y de deserción escolar para confirmar esta realidad inapelable.

Pero los educadores no son inocentes en este fracaso, tienen su cuota parte de responsabilidad. Los docentes muestran una franca falta de vocación, se han transformado en empleados que cumplen un horario, casi como si trabajaran a reglamento. Ser maestro hoy es sólo una salida laboral.

En los últimos tiempos, los responsables de la educación, se han lanzado en una desbocada carrera para ver quien está más actualizado con las últimas novedades pedagógicas; se aplican recetas casi experimentales en lo que atañe al método de enseñanza por el sólo hecho de ser novedosas, desestimando todo lo que se ha aplicado hasta el momento por considerarlo antiguo y retrogrado.

Se ha elevado a los protocolos a la categoría de dios y a aquél que es capaz de ir por fuera de ellos se lo trata como a un hereje, un irresponsable o un improvisado. No se comprende que los protocolos son un instrumento que nos da un marco general sobre el cual desarrollar el proceso de enseñanza, pero definitivamente no son un dogma; no es la conclusión perfecta del método de formación, es tan sólo un comienzo, una guía ambigua y vaga. La mejor herramienta para educar al prójimo es la mayéutica (palabra originada del griego que significa "parir", así como en los partos la comadrona ayuda a la madre a dar a luz a su hijo, el docente ayuda al alumno a dar a luz el saber); este método, popularizado por Sócrates, permite internalizar los conocimientos y genera en el educando un estado de satisfacción plena al descubrir, que si bien ignora ciertas cosas que cree entender, puede encontrar en sí mismo la capacidad de resolver los enigmas planteados.

Por su parte, los alumnos han dejado de estar en disposición para aprender, para ellos dejó de ser importante desarrollarse como persona, dejó de ser importante crecer. Han perdido la capacidad de creer en la superación. Ya no produce alegría y satisfacción el saber.

Se machaca, día tras día, en los medios y en los más diversos ámbitos sociales, sobre los derechos de los niños y los jóvenes; tanto se han recalcado que creo han sido ya completamente internalizados.

Pero nadie habla de sus deberes, de sus obligaciones; esas que le dan equilibrio a su desarrollo y que les marca los límites por los que deben conducirse. Entre sus deberes está el de obedecer a sus mayores y el de respetar a quienes son responsables de su formación.

En la época de Mafalda había un programa televisivo que era muy visto por los niños, "El libro gordo de Petete". Este dulce personaje se hacía preguntas culturales cuya respuesta se la brindaba el libro. La mecánica de este micro televisivo hacía de la adquisición de conocimientos algo ameno. Las revistas que se vendían eran el Billiken y el Anteojito; incluso los niños batallaban para ver cuál era la mejor, cada publicación tenía sus adeptos que la defendían a capa y espada.

No es que todo fuese cultura, el entretenimiento estaba dado por juegos. En la televisión, además del libro gordo de Petete, se transmitían dibujos animados y en el medio gráfico se publicaban historietas y álbumes de figuritas. El secreto era que cada cosa tenía su tiempo y su lugar, aprender y divertirse eran acciones compatibles y complementarias. O sea, el criterio era que uno podía hacer cosas divertidas "además de" cumplir con sus deberes y no "en lugar de" cumplir con ellos.

En la actualidad, la actitud del alumnado es abúlica, desinteresada y apática. En realidad pocos son, y han sido, los jóvenes que han concurrido a la escuela con fervor e incontenibles ansias de saber; pero el entender que el estudiar y el esforzarse era para su bien y que era su obligación, era suficiente como para que la actitud de los alumnos fuese de una participación activa y responsable.

Creer que los jóvenes son los únicos responsables de esto, sería no entender el problema. La principal responsabilidad le cabe a los padres, ellos deben inculcar en su progenie la idea de que no sólo se tiene derechos, sino también deberes; deberes para con sus padres, sus hermanos, sus vecinos y amigos, para con la sociedad y el país, y sobre todo para con ellos mismos y su futuro.

La familia como estructura fundamental ha sufrido, y recalco la palabra sufrido, cambios tremendos que han llegado para quedarse y que nos obliga a replantearnos, cuáles son las funciones de cada quién, cuáles sus derechos y cuáles sus responsabilidades. Debemos refundar la llamada célula de la sociedad.

Los otros responsables, aunque en menor grado, son los medios de comunicación. En ellos endiosan a personajes que tienen un maravilloso pasar económico gracias a que son figuras públicas producidas por los mismos medios y que el único mérito que tienen es ser un buen deportista, saber conducir un programa televisivo, ser una cara bonita o tener un cuerpo escultural.

¿Cuál es el mensaje? Simple, el éxito que importa es el económico, y ese éxito se consigue vendiendo o vendiéndose bien y para ello no es necesario el saber. Lo que vale es el rating, es desarrollar todo lo que estimule los sentidos, aquellas cosas que seducen, que nos llenan de sensaciones casi animales; y las cosas del intelecto, que precisan de un esfuerzo, quedan relegadas.

Por último están las políticas educativas. Ellas han acompañado este pensamiento facilista y demagógico en el que se sugiere que es posible obtener logros obviando el esfuerzo, como si el esforzarse fuese una condena; algo innecesario, inventado por algún sádico perverso al que imaginan como un ser amargado y fracasado.

Se suprimieron los castigos como las amonestaciones, se disminuyó el grado de exigencia destruyendo el sistema de calificaciones y se dividió en módulos los contenidos de los programas, para que si un alumno no aprueba un tema, sólo rinda y responda por ese tema y no por toda la materia.

Si fuésemos mal pensados, y sólo si fuésemos mal pensados, podríamos presumir que todo esto es a propósito; que el embrutecer a los ciudadanos y darles pan y circo es parte de un plan premeditado, como si fuese así más fácil gobernarlos. Pero seguramente estoy equivocado, todas estas son conjeturas que haríamos si fuésemos mal pensados y tuviésemos una mente enfermiza.

Lo cierto es que todos son demagogos. Padres, docentes y funcionarios sólo buscan evitar enfrentar a los jóvenes, prefieren el aplauso fácil, la lisonja de un montón de nadies. El poner límites, reglas y metas es un camino riguroso, pero que lleva a un buen destino; muy distinto al atajo que hemos tomado, atajo que no lleva a ninguna parte.

El primer censo nacional que se realizó en nuestro país fue en el año 1869 durante la presidencia de Domingo F. Sarmiento. Sólo informaré dos datos que arrojó, habitantes: 1.830.000, analfabetos:

87 por ciento. Un desastre.

Al conocer estos resultados, el famoso cuyano reunió a su gabinete de ministros y les anunció: "Señores. Ministros: ante los primeros datos del censo, voy a proclamar mi primera política de estado para un siglo: escuelas...escuelas...escuelas...".

Sarmiento y los presidentes que lo siguieron (sobre todo hasta la década del 1940), comprendieron cual era el problema del analfabetismo de entonces. No lo ocultaron, no buscaron justificativos ni culpables en el prójimo. Aceptaron la realidad y se dispusieron a cambiarla. No pretendieron disimularla y mucho menos falsearla e intentar engañar a propios y extraños; tal como sucedió en el año 2015, con la expulsión de la Argentina (por tramposa) del último examen Pisa.

Ante esta dura realidad, Sarmiento y su generación tuvo el coraje y la determinación de estimular el esfuerzo e imponer la educación laica y obligatoria (en aquel tiempo probablemente, era el único camino que existía para transformarnos en una sociedad moderna y para que todos tuviesen la posibilidad de alcanzar un futuro mejor).

Logró convencer a la clase pudiente de la época, acerca del beneficio que representaba para ellos el invertir en la educación de toda la sociedad, así llevó la matrícula de alumnos de 30.000 a 100.000 en sólo 6 años.

Hizo construir edificios imponentes para albergar las escuelas, de modo que los alumnos supiesen que se podía vivir mejor que en un rancho y con ello estimularles su ambición de progreso y superación.

Vistió a todos los alumnos con guardapolvo blanco, no porque quisiera que todos fuesen iguales, sino como signo de igualdad de derecho, como signo de la ausencia de privilegiados ante el maestro.

Contrató maestras y científicos de punta para impulsar el saber y trajo el último avance tecnológico en educación del mundo, el pupitre.

Así fue, que para el censo de 1947, casi 80 años después, la población se había multiplicado por 9 (de 1.800.000 a 15.000.000) y el analfabetismo se había dividido por 5 (del 77% al 13%). Una proeza que no tiene equivalente en la historia de la humanidad.

Pero desde mediado del siglo pasado y sobre todo desde la recuperación de la democracia en 1983 (con el 2° Congreso Pedagógico Nacional), hemos perdido el rumbo y hemos retrocedido varios escalones.

En la actualidad, sólo se buscan terceros culpables de nuestros fracasos, se apela a justificaciones infantiles y resentidas, se promueve el facilismo, el igualitarismo y la demagogia. No hay aplazados ni sobresalientes, no hay mérito ni demérito, sólo una hipócrita indulgencia, una propensión a los amiguismos y sobre todo una profunda mediocridad.

Esta pobreza educativa ya la analizamos en el capítulo anterior, ahora pretendo ilustrar otro aspecto del problema de las aulas, la estrategia curricular.

Hasta mediados del siglo XX, el alfabeto, el saber leer y escribir, era esencial para la comunicación y el aprendizaje. Hacia fines del siglo XX, los avances tecnológicos redefinieron el concepto de analfabeto. En la era de la globalización, de la informática y del internet, ya no alcanza con saber leer y escribir, es imprescindible saber inglés y sobre todo computación.

Hace 50 años alguien podría haber dicho "aunque no sepa leer ni escribir puedo comunicarme y aprender en forma oral"; este concepto, cargado de pobrismo, se puede trasladar a la actualidad diciendo "aunque no sepa ingles ni computación puedo comunicarme y aprender con papel y lápiz".

Lo cierto es que el futuro está en el presente… y vuelve al pasado…

"Julius Yego un joven Keniata (conocido como Mister Youtube), al no tener quien le enseñase en su país la disciplina de lanzamiento de jabalina, lo aprendió a través de YouTube y en Pekín 2015 se consagró campeón del mundo.

En una entrevista Yego comenta: "No conseguí entrenadores que me guíen…Entonces empecé a buscar videos…Así empecé a usar un modo diferente de entrenamiento. Miraba ejercicios de gimnasio, ejercicios de flexibilidad y todo cambió…Mi entrenador soy yo y los vídeos de YouTube".

El granjero canadiense Matt Reimer cuenta su experiencia: "Yo no entendía nada sobre programar, pero tomé un curso gratis online del MIT (Massachusetts Institute of Technology) sobre programación básica, en tan sólo tres meses ya me sentí capaz de trabajar un código para programar drones. Luego transformé un código de software libre y lo instalé en el tractor y programé la aplicación en el ordenador. De principio a fin fueron siete meses"

Amira Willighagen, una niña de apenas 9 años de edad, nos emociona en las redes al oírla cantar ópera como una profesional. Nunca tomó clases de canto convencionales, aprendió en Youtube.

El joven Timothy Doner, que con sus jóvenes 17 años ha aprendido 23 idiomas gracias a youtube y a Skype.

Todos estos casos son sólo algunos ejemplos, son pequeñas piezas de un rompecabezas que va formando una imagen tan novedosa como antigua; el aprendizaje personalizado.

En 1988, Bill Moyers entrevistó a Isaac Asimov (escritor, historiador y bioquímico ruso, exitoso y excepcionalmente prolífico autor de obras de ciencia ficción y divulgación científica) quien ya entonces vaticinaba el fin de la educación colectiva y su remplazo por una formación personalizada, intuitiva y en el domicilio propio a través de internet. Una de sus célebres frases era "ser autodidacta es, estoy convencido, el único tipo de educación que existe".

Durante siglos la educación fue personalizada (con tutores que iban a la casa), pero los altos costos y la escasez de maestros, limitaba el número de estudiantes. El acceso al conocimiento era casi imposible.

Luego, en la Prusia del siglo XVIII, apareció la educación pública y obligatoria (la escuela que conocemos en la actualidad), modelo que se popularizó y difundió rápidamente por todo el mundo. Esta educación obliga a los estudiantes a adecuarse a los planes de estudio, es impersonal y homogeniza a la masa estudiantil sin poder explotar las virtudes individuales de cada uno.

Hoy nos encontramos en una nueva etapa, absolutamente diferente, una etapa en la que debemos repensar la educación desde sus cimientos. Pero eso no quiere decir que olvidemos sus principios; un ingeniero puede inventar una forma novedosa y revolucionaria de construir un puente, pero nunca debe olvidar que esta innovación está supeditada a la ley de la gravedad.

En la actualidad hay dos cosas que son absolutamente novedosas, el acceso casi ilimitado a la información y a la comunicación; y la estructura de pensamiento de los millennials. Aclaro que los millennials son aquellos nacidos a partir de mediados de la década de 1980.

Hoy es posible auto gestionarse uno mismo el estudio, elegir los temas y las diferentes fuentes de información (que pueden ser locales o extranjeras), no hay necesidad de moverse de la casa (lo que minimiza gastos y tiempo de traslado), asimismo esto nos permite definir los horarios y el tiempo que ha de dedicarle al aprendizaje.

Audiolibros, bibliotecas virtuales, tutoriales, autoevaluaciones, videos formativos, espacios de debates, trabajo cooperativo, conferencias interactivas y todo un universo de posibilidades, inventadas y por inventar están al alcance de la mano; sólo hay que animarse a utilizarlas.

Escucho en la Facultad a los pedagogos hablar de cambios de paradigmas, focalizando dicho cambio en la calidad y estilo de la relación docente-alumno. Ven la transformación de la educación como una subordinación de status, en donde el docente se ubica a la altura del alumno, tanto en su lenguaje como en su descenso del atrio. Todavía se regodean en la Reforma Universitaria y la consideran el norte de su búsqueda; ¡la Reforma Universitaria fue en 1918!

¡Hace casi un siglo!

Estos románticos del blanco y negro no vislumbran la posibilidad de producir y sumarse a una verdadera revolución, a una verdadera metamorfosis, a una transformación valiente y verdaderamente progresista. Viven aún en el constructivismo cuando ahora reina el conectivismo.

Por otra parte, la forma de organizar el pensamiento de los millennials es muy diferente a la de sus docentes. Desarrollar este tema podría llevarnos a escribir otro libro, sólo voy a enumerar las características de unos y otros.

Los docentes actuales, los llamados extranjeros digitales, tienen un sentido del aprendizaje conductista/constructivista, un método deductivo/inductivo, un pensamiento analítico/lineal y un lenguaje formal/grafológico.

Los millennials, los llamados nativos digitales, tienen un sentido del aprendizaje constructivista/conectivista, un método inductivo/ intuitivo, un pensamiento sintético/holístico y un lenguaje binario/ilustrativo.

La pregunta es ¿puede un maestro que tiene una estructura de pensamiento, de aprendizaje y de lenguaje absolutamente diferente a su alumno instruirlo?

La respuesta es no y en realidad tampoco hace falta. La instrucción, el acceso a la información ya no es patrimonio del docente, la información está a un clic del que desee buscarla.

El maestro tiene que centrar sus esfuerzos educativos en el adiestramiento necesario para poder buscar y utilizar los conocimientos. Pero aún más importante, debe adoctrinar a los alumnos en el fundamento del espíritu académico, esta doctrina académica es el pensamiento crítico.

Las escuelas deben ser un lugar de reflexión, de consulta, de trabajo cooperativo, de análisis de los conocimientos adquiridos, de evaluación y de producción.

Es tiempo de aplicar las nuevas herramientas y los viejos principios para alcanzar hoy la meta de ayer, de hoy y de siempre, el saber.

Convivencia: unidos pero no unificados

En el reino animal, la regla por la que se regula la coexistencia de los integrantes de una misma estirpe se llama "la ley del más fuerte". La natural búsqueda del más apto es el camino por el cual se asegura la supervivencia de la especie.

Los animales que viven en comunidad compiten continuamente entre sí y aquellos que son derrotados pagan su fracaso con sus privilegios, sus jerarquías e incluso con sus vidas.

Los que fueron vencidos no comparten en igualdad de condiciones el territorio en común con sus congéneres victoriosos; se subordinan, se someten, se subyugan.

Hasta la revolución francesa (al menos en sus inicios) y la independencia norteamericana, este modelo animal, en mayor o en menor medida, era el que imperaba entre los hombres. Luego de ella hubo un cambio severo en las reglas de juego de la organización social. El aprovechamiento de la naturaleza dejó de ser el privilegio del más fuerte para transformarse en una posibilidad al alcance de casi todos. Sin entrar en grandes disquisiciones, en la actualidad, su utilización depende más del esfuerzo y del mérito que de la potencia bruta.

Esto de compartir un espacio en común, que no le pertenece a nadie pero que todos tienen derecho a utilizar, nos obliga a dictar una serie de reglas que nos permitan vivir en paz y armonía.

Las normas de convivencia del ser humano se pueden sintetizar en una sola máxima que parece obvia, pero que rara vez se cumple; el respeto del individuo.

El respeto del individuo es el respeto a las decisiones del otro y como si fuese un espejo, ese mismo respeto es el que debo exigir se me otorgue. Aunque parezca paradójico mientras más defiendo el derecho del otro más estoy defendiendo mi propio derecho.

Creo que todo precepto que se considere justo debe seguir este principio, debe analizar el aspecto puntual sobre el que fue redactado siguiendo este norte. Si así se redacta, su aplicación será simple y no causará oposición de quienes son decentes.

Pero lamentablemente esta regla tan sencilla y efectiva es burlada por gran parte de nuestra sociedad. Con una visión miope, de corto plazo y de satisfacción instantánea, buscamos obtener alguna ventaja sobre el resto de la sociedad y para colmo nos vanagloriamos cuando lo conseguimos. Esta postura ventajista es nuestra tristemente célebre "viveza criolla".

Somos incapaces de planificar a largo plazo, vivimos en la inmediatez y queremos réditos instantáneos, queremos cosechar sin plantar. Y en esa voracidad casi compulsiva arrasamos con lo que tenemos por delante sin miramiento alguno.

Lo terrible del asunto es que se ha transformado en un hecho cultural, distintivo de nuestro país; somos reconocidos por ello en todo el mundo. No solo es una cuestión folklórica, sino que es casi un deporte nacional. El "colarse" en una fila, entrar a un espectáculo sin pagar, engañar a un ingenuo, defraudar al fisco, copiar en un examen o encontrar un vericueto legal para "zafar" de una obligación, nos eleva, en la consideración popular, a la condición de héroe, de compadrito, de capo, de "maestro".

¿Y qué es la viveza criolla? ¿Es tan "viveza" y tan "criolla"?

Es difícil rastrear sus orígenes y saber si es un producto autóctono de estas tierras o si llegó en algún tiempo lejano para aquerenciarse y no irse nunca más.

Podríamos considerar al arribo de los hidalgos españoles como un punto de inicio de esta viveza, y seguramente tendríamos en parte razón. Los colonizadores que llegaban a estas latitudes, solían ser personas de alcurnia, con gruesas currícula y bolsillos flacos; individuos con grandes pretensiones y expectativas, pero una nula disposición para el trabajo o para invertir esfuerzo y dedicación con el fin de alcanzar objetivo alguno.

Pero quedarnos con esto solamente y culpar a los peninsulares de nuestra desgracia, sería un típico caso de viveza criolla. Lo cierto es que estos españoles llegaron a toda Latinoamérica, pero es sólo en Argentina en donde ha tenido un desarrollo superlativo esta nefasta forma de ser. Nuestros vecinos distan mucho de tener este despreciable hábito, o al menos de tenerlo tan desarrollado.

Es posible que los aborígenes que habitaban nuestras tierras, sobre todo las pampas, hayan sido el caldo de cultivo perfecto para receptar y profundizar los vicios de los nobles y holgazanes españoles. ¿Por qué postulo esto? ¿En qué me baso para tremenda afirmación? Cimienta esta opinión la condición de nómades de los aborígenes de nuestros llanos, los pueblos trashumantes no planifican ni invierten esfuerzos a largo plazo, solo se dedican a recolectar y adaptarse al medio, son parásitos que viven de lo que los rodea. Sin embargo, lo realizan en el entendimiento de que, si agotan al huésped, ellos desaparecen; por ello, sólo toman lo necesario y dejan que su hábitat recupere sus fuerzas para poder volver a esquilmarlo más adelante.

Esto es lo que hace el vividor, con su encanto particular mantiene un delicado equilibrio con aquel al que le "chupa la sangre" para que este no se aleje; es como el canto de las sirenas que llevaban a los marinos a su perdición.

Sigamos con un correlato histórico, quizás caprichoso, acerca de quienes heredaron la identidad de nuestros naturales.

Uno de los libros más importante de nuestra literatura, con el que los argentinos nos sentimos identificados, es el Martín Fierro. Tras su relato de gran factura y romántica búsqueda de una libertad nómade, percibo escondido a un trasgresor, vago, indolente y mediocre. Considero que sus enseñanzas, y las del viejo Vizcacha, son una afrenta a la moralidad, al respeto al prójimo y a las instituciones.

Indudablemente, este paradigma literario del argentino tiene sus motivos para ser como es, son motivos valederos pero que no justifican en medida alguna su proceder. El gaucho fue maltratado y usado por los hacendados y los gobiernos de turno, pero, en vez de tomar una actitud valiente y enfrentar los atropellos padecidos y cambiar y hacer más justas las reglas de juego; el gaucho tomó la cobarde acción evasiva de esquivar los golpes y sacrificar a quien este a su lado para poder salvarse.

Tampoco era el gaucho un pobre cordero inocente. Nunca estuvo dispuesto a respetar las normas de convivencia ni ha mostrar una vocación patriota; sus únicos intereses eran: sobre todo tener un buen caballo, después una "china" para no dormir sólo, una tapera con un catre y algún conchabo como para poder comprar yerba, tabaco y alcohol. Era muy mal esposo, peor padre, pendenciero, rencoroso y ladino.

Comparemos este personaje con otro de la historia mundial, por ejemplo con Leónidas. Este rey espartano combatió junto a su guardia personal al ejército persa en una relación de mil a uno y con la derrota como único resultado posible, no dudó ni un instante en enfrentar su destino y cumplir con su deber.

¿Por qué hay tanta diferencia entre ambos? Simple, Leónidas amaba su tierra, la consideraba parte de su ser, como sus brazos, sus piernas o su corazón. Este amor a la patria, esta conciencia de un deber cívico es el que no tenía nuestro gaucho. Esta identificación para con el país se buscó implantar, a fines del siglo XIX por medio de la educación y a principios del siglo XX se le sumó la exaltación y glorificación de nuestros próceres en un intento de integrar al ser nacional el aluvión inmigratorio europeo que llegaba.

Ahora lo comparemos con otra figura de la literatura hispana, Don Quijote de la Mancha. Lejos de buscar realizar un estudio exhaustivo de esta obra, lo cierto es que podemos concluir que en su alucinación, el protagonista sale a recorrer el mundo para cumplir con su deber moral de enfrentar el mal y proteger lo bello, lo digno y lo bueno. Creo que huelga cualquier comentario acerca de las diferencias con nuestro Martín Fierro.

Con el transcurso del tiempo el gaucho se convirtió en peón y más adelante, muchos de ellos se mudaron a las ciudades en busca de trabajo y se transformaron en obreros, poblando las afueras de las grandes ciudades. La precariedad de sus puestos de trabajo mantenía en un estado latente, sus reclamos laborales, muchas veces justos, y esperaban agazapados a quien los liberara. Esperaban, como dice el propio Martín Fierro, "hasta que venga algún criollo, en esta tierra a mandar". Ese criollo llegó, ese criollo se llamó Juan Domingo Perón.

Llegamos así a mediados del siglo XX y, junto a las merecidas y justas conquistas sociales que obtiene la clase obrera, aparecen otras que en su espíritu parecen correctas, pero que terminan transformándose en un cáncer para la administración pública. Un ejemplo de ello es la estabilidad del empleado público.

Quienes trabajaban en el sector estatal, antes del primer gobierno peronista, ingresaban a este estamento de la mano del gobernante de turno y cuando después de las nuevas elecciones asumía la conducción del estado el partido político rival, se producía una purga de todos los empleados de la oposición y se cubrían los cargos con personas adeptas a los vencedores.

Estos cambios continuos en las plantillas de los empleados públicos entre conservadores y radicales (y después entre radicales y peronistas) se parecía más a un Boca-River que a una transición democrática; hacía tremendamente ineficiente la gestión pública.

A la luz de lo expuesto en los párrafos anteriores, la estabilidad del empleado público tuvo quizás un origen justo, pero su resultado fue desastroso. Al no poder despedir a los empleados de la administración anterior, se le sumaron los nombrados por la nueva gestión y a estos los de la que siguió y los de la siguiente y así sucesivamente.

Además, al ser tan engorroso expulsar a un administrativo, reapareció entre sus filas el ancestral gaucho, el que sólo pretendía una tapera, un caballo y un conchabo para poder conseguir el mate, el tabaco y el alcohol. El puesto en la administración pública se transformó en el lugar perfecto al que aspira este personaje, un lugar de bajas expectativas y nulo riesgo.

La falta de estímulo y la equiparación, para abajo, de las remuneraciones y los reconocimientos en el sector público, produce un efecto particular; nadie quiere perfeccionarse y nadie quiere ser jefe; y como gana lo mismo el que corta el pasto que un abogado o un médico, ¿para qué esforzarse? Tiene más valor como antecedente y para mejorar los haberes la antigüedad que la capacidad o la capacitación, según estas pautas perversas sobre la que se valora el curriculum y se pauta el estipendio, más vale perdurar, ser vago y bruto que inquieto e instruido.

A crecido tanto la planta de personal en toda la administración pública, que el porcentaje de la recaudación que se encuentra afectada a sueldos es tan grande, que casi no quedan recursos disponibles para realizar obras de infraestructura; un verdadero disparate.

Otra situación caótica es la monstruosa proporción de empleados que faltan a diario por tener días justificados para no asistir al trabajo; ya sea por razones particulares, por carpetas médicas breves por patologías propias o de familiares, o por enfermedad prolongada (generalmente psiquiátricas y que alcanzan permisos de hasta dos años).

A estos se suman aquellos trabajadores (si puede llamárselos así) que tienen asignadas tareas livianas u horarios acotados por las más diversas razones que pueda imaginar. Toda esta caterva de holgazanes, llega a alcanzar en algunos casos hasta un 50% del total de empleados nombrados. Un desatino aberrante, un absurdo que consume casi todo el esfuerzo impositivo que tributamos cada uno de nosotros.

Durante los últimos 30 años se ha atacado al individualismo y rescatado los teóricos valores del colectivismo como la verdadera muestra de amor fraterno y de solidaridad.

Se ha asociado el "yo" del individualismo a una concepción avara, salvaje, casi canibalezca de la vida en sociedad. Por otra parte se mitifica y ensalza al "nosotros". Ese "nosotros" que se presenta como un ideal superior, es en realidad una trampa en la que unos pocos manejan a millones y todavía estos "les dan las gracias".

Si consideramos más importante el "nosotros" que el "yo", estamos asumiendo que no tenemos injerencia en determinar quiénes somos los que integramos ese nosotros, cuáles serán las prioridades del grupo, cuáles las reglas y cuáles los fines. Nunca algo que es menos importante y está subordinado a otra cosa de mayor importancia puede decidir nada, sólo debe aceptar y someterse. Si el "yo" es menos importante que el "nosotros", "yo" debo doblegarme y resignarme a lo que se me imponga.

Cuando el "nosotros" es lo principal, cada uno de nosotros nos transformamos en cosas inmolables; pero no sacrificables por nuestra voluntad, sino por ser insignificantes ante el grupo.

Siguiendo este razonamiento, también debemos trabajar y volcar el fruto de nuestro trabajo para el "bien común"; pero, de nuevo, no es por nuestra inquietud filantrópica, sino porque es nuestra obligación.

La pregunta es ¿quién decide cual es el bien común?, ¿quién dispone qué se hace con el producto del trabajo de todos? Pues se arrogan este privilegio un grupo de gurúes, un puñado de iluminados son quienes determinan qué es lo que le conviene a cada uno; saben mejor que nadie, incluso que uno mismo, qué nos resultará beneficioso y satisfará nuestras aspiraciones.

El "nosotros" como una entidad autónoma y separada de sus integrantes es una mentira; y la búsqueda del bien común, como si eso fuese un bien superior, independiente y hasta opuesto al del individuo; no sólo es falsa sino también peligrosa.

Invocando ese bien superior, a lo largo de la historia de la humanidad, se cometieron grandes atrocidades; los cristianos quemaron herejes en las hogueras, los nazis mataron judíos, los comunistas liquidaron disidentes, y así podríamos seguir enumerando otros tantos ejemplos.

Las decisiones de las mayorías siempre deben respetar el derecho de las minorías, por lo tanto el derecho de uno sólo, limita las resoluciones de todos. Estas decisiones pueden ser distintas a los intereses del individuo, pero definitivamente no pueden avanzar sobre sus derechos. La libertad es el bien supremo que tiene el individuo, incluso, quizás, por sobre la vida misma.

¿Puede ser, como he escrito en el apartado anterior, que la libertad sea aún más importante que la propia vida? Pues voy a responder este interrogante con otra pregunta ¿Puede considerarse vida humana a la vida sin libertad?

Indudablemente, la vida orgánica es una condición necesaria e indispensable para poder desarrollar una vida humana. Pero el pensar la vida solamente como el respirar, comer, trasladarse y procrear nos deja a nivel de los animales. Si esa es nuestra interpretación y valoración de los que es la vida vamos a recibir el trato que reciben los perros, gatos o cualquier otra bestia.

Los animales no tienen derechos; los derechos que se aplican sobre ellos, (como las legislaciones sobre protección a especies en peligro de extinción, o referidas al trato en mataderos o en experimentación) responden a intereses de los hombres, a principios éticos y morales propios de las personas.

Si los animales tuviesen derechos, no deberían haber insecticidas, ni podríamos matar a las especies que consideramos plagas, ni consumir antibióticos, ni a las que comemos pues la vida es el derecho más importante que poseen y no podríamos vulnerárselos.

¿Quién sabe si dentro de algunas centurias se descubra, y se pruebe científicamente, que las plantas sienten? Quizás se proclamen y legislen normas que las contemple y resguarde, pero definitivamente esto no será así porque ellas tengan derechos propios. Estas leyes serán pautas legales propias del género humano que el hombre aplica sobre ellas.

Las cosas que nos brinda la naturaleza se encuentran en ella para servirnos y ayudarnos a alcanzar nuestro único fin verdadero, la felicidad; y nuestra condición de ser pensante, nos impone la tarea de realizar un uso racional de ellas. El universo entero está a nuestra disposición, pero no nos pertenece. Solo somos inquilinos que debemos cuidar este lugar que transitoriamente ocupamos y dejarlo, mínimamente, en las mismas condiciones en el que lo recibimos para que lo disfruten las próximas generaciones.

¿Vivimos actualmente en libertad? Definitivamente no.

No debemos creer que la libertad es hacer lo que uno quiera sin importar si como consecuencia de nuestros actos uno daña a terceros, eso es libertinaje no libertad. El libertinaje es un vicio de la libertad y como todo vicio debe ser combatido y desterrado.

Ahora bien; si yo puedo realizar todas las actividades que me plazcan, sólo guiado por mis prioridades y deseos, con la única limitante de que estas no dañen a terceros, entonces soy libre.

Analizando este tema desde un aspecto mundano y cotidiano, además de la falta de libertad en lo económico (como por ejemplo la limitación para tener una patente de taxi, una línea aérea o una empresa de telecomunicaciones), también tenemos ataques a nuestra autonomía con matices que combinan la carencia del libre albedrío económico con el social. Valgan como ejemplos la falta de libertad en la elección de nuestra obra social o del sistema de jubilación que deseemos contratar.

Hemos cedido tanto que ni siquiera podemos elegir qué profesional médico queremos que nos atienda. Debemos aceptar a quien nos toque en gracia y permitir que nos trate alguien a quien no conocemos, sólo porque lo cubre la obra social a la que estamos obligados a pertenecer. Uno puede elegir, entre otros, al mecánico del auto, al peluquero o al arquitecto, pero increíblemente uno no puede optar en las manos de quien pone su vida.

Estamos tan acostumbrados a ceder que no nos llama la atención que las provincias entreguen sus libertades a la Nación…. como si fuésemos un país unitario!!! No nos asombra que los diputados, senadores y jueces dejen de seguir sus criterios propios y los principios inherentes a la naturaleza de sus cargos (velando a los intereses de los ciudadanos, de las provincias y de la justicia respectivamente), para entregarse sin restricciones a los rapaces designios del poder de turno.

Cuando permitimos la discrecionalidad y el favoritismo del gobierno para con ciertas empresas, grupos sociales o partidarios políticos estamos entregando parte de nuestra libertad.

Y lo peor de todo es la pérdida de nuestra individualidad y de la posibilidad de tener criterios o principios que no respondan a pautas preestablecidas y que son consideradas políticamente correctas. Esta última sumisión es la que nos degrada en lo más profundo de nuestra condición de ser humano, en nuestra condición de ser pensante.

Si hemos perdido todas estas libertades, si dejamos que otros decidan por nosotros en todas estas cosas, entonces somos sus esclavos. Y lo peor es que es una esclavitud a la que no oponemos resistencia, a la que nos hemos resignado y acostumbrado. A tal punto nos hemos entregado, que no nos imaginamos, e incluso tememos, tener que tomar todas las decisiones de vida que por derecho nos corresponde.

La soberanía nacional es el derecho de un pueblo a decidir sobre su destino. Si trazamos un paralelismo entre una nación y un individuo, podemos decir que hemos perdido nuestra soberanía personal; hemos sido avasallados por una potencia foránea a nuestro cuerpo y alma, una potencia que se esconde tras un disfraz altruista, que se presenta como una persona estoica y abnegada que toma las decisiones que nos corresponde definir por derecho. Esos embusteros, que se llenan la boca de frases grandilocuentes como "el bienestar general", "el bien común", "la voluntad del pueblo", "la solidaridad" o "la redistribución de la riqueza"; nos ciegan con el brillo de esas marquesinas, nos aturden con sus cantos de sirena y hacen que naufraguemos nuestra identidad entregando el manejo del timón a ellos, arpías que sólo piensan en exprimirnos. Y lo peor es que lo hacen con nuestro consentimiento pues consideramos que es lo correcto.

William Shakespeare, en su obra Julio Cesar, pone en boca de Bruto el motivo por el que asesinó al déspota: "...«No porque amaba a César menos, sino porque amaba más a Roma.» ¿Preferiríais que César viviera y morir todos esclavos a que esté muerto César y todos vivir libres? Porque César me apreciaba, le lloro; porque fue afortunado, le celebro; como valiente, le honro; pero por ambicioso, le maté...". Por supuesto que esta muerte de los opresores que hoy nos gobiernan debe ser una muerte política, alegórica, pero irreversible e insoslayable para que podamos ser libres.

Según el diccionario de la Real Academia Española, dos de las acepciones de la palabra lealtad son:
A. Cumplimiento de lo que exigen las leyes de la fidelidad y las del honor y hombría de bien.
B. Amor o gratitud que muestran al hombre algunos animales, como el perro y el caballo.

En nuestro país rige el concepto de lealtad como el del principio de subordinación de una persona a las decisiones de otra, a las de un grupo o a las de un partido político.

Esto tiene mucha relación con el capítulo anterior, "Nosotros"… esa palabra de servidumbre; sólo que en este caso, el engaño no se basa en el sentimiento de culpa que nos produce el anteponer nuestro bien al supuesto bien general, sino que manipula un adulterado sentimiento de honorabilidad.

La lealtad ciega a otro u otros, no es diferente a la lealtad que tiene un perro con su amo. Para poder llevar adelante este tipo de devoción debemos de rebajarnos al nivel de un animal. Para cumplir con este tipo de lealtad debo ser sumiso, debo olvidarme de tener mis propias opiniones, debo olvidarme de pensar por mí mismo.

Este principio de abstenerse a racionalizar y poner en duda una sentencia, es el que rige en los dogmas de fe de la religión, en los temas que son de Dios. Son revelaciones que no pueden ser puestas en duda, se tiene fe y se cree en ellos o no se es católico apostólico romano. Esto es algo entendible cuando se habla de religión, espacio en el que se realizan abstracciones sobrenaturales.

Este principio de lealtad, de respaldo incondicional, tiene también relación con la idea de obediencia debida, noción propia e indispensable de la cadena de mando de las fuerzas armadas. Paradójicamente, quienes han hecho un culto a la lealtad se declaran enemigos de quienes profesan la misma fe.

Ahora, cuando se acepta ciegamente los dichos o la voluntad de un tercero, sin someterlo al juicio de nuestra inteligencia, estamos renunciando a lo único que nos diferencia de los animales (la razón), estamos renunciando a nuestra independencia, estamos resignando el poder de decidir sobre nuestro destino; estamos entregándonos voluntariamente a la esclavitud, a la peor esclavitud, a la esclavitud mental.

Ya Sócrates y Aristóteles demostraron que el hombre racional "es bueno por necesidad"; en este punto es importante no confundir al individuo racional con la persona inteligente, esta última es la que es capaz de utilizar su capacidad para abusar del prójimo y el mejor ejemplo de este tipo de calaña es el propio líder que exige lealtad.

Si pretendo ser respetado, primero debo respetarme yo mismo. Eso implica conocer y reconocer mis valores, evaluar las implicancias de los mismos y actuar acorde a ellos.

Luego, la razón me dice, que si quiero ser respetado, necesariamente debo respetar al otro. Si pretendo ser respetado sin respetar, en realidad no estoy buscando respeto, estoy buscando sumisión, sumisión por idolatría o por temor. Una relación desigual de este tipo nunca se basa en el respeto.

Pero el respeto al prójimo no es ilimitado, del mismo modo que la tolerancia tampoco puede serlo. El respeto al irrespetuoso, así como la tolerancia al intolerante, destruyen los propios conceptos de respeto y tolerancia. Si respeto y tolero a quien propone o ejecuta masacres, estaré destruyendo la esencia de lo que pretendo resguardar.

El respeto al prójimo es la norma fundamental de convivencia, el respeto al ser humano como institución es una necesidad racional e ineludible. Aquel individuo que pretende ser respetado, debe por necesidad respetar al prójimo; para aquellas personas que no entienden esta lógica y violenten a sus vecinos, existen las leyes y la fuerza pública.

Cuando yo respeto mi razón, mi libertad y mis principios, inevitablemente respetaré la razón, libertad y principios de los demás. Y siendo leal a mis principios, seré leal a todos aquellos que profesen los mismos principios.

De este modo, mi lealtad no se deberá a que entregué mi razón, mi libertad y mis principios a un mesías de pacotilla; mi lealtad será hacia los principios de cualquier individuo que coincidan con los míos y si ese individuo traiciona esos principios dejará de tener mi apoyo.

La lealtad al otro, tarde o temprano me llevará a tener que traicionar mis principios. Es el caso de los comportamientos corporativos de los sindicatos y las colegiaturas. Cuando un empleado comete un hecho de corrupción, es defendido por sus compañeros y por el sindicato, destruyendo la lealtad a los valores éticos a favor de la lealtad a un compañero o colega.

Si somos leales a nuestros principios, si somos leales a la razón, a los criterios de justicia, de libertad y de respeto al individuo; recién entonces seremos íntegros y habremos entendido lo que implican de verdad los tan manoseados y desfigurados derechos humanos.

Cuando buscamos en el diccionario, palabras que hagan referencia a la valoración que tiene una persona para consigo misma, nos encontramos con una cantidad y variedad de términos enorme.

Intuyo que esto es así, debido al inconsciente entendimiento que tenemos de que el ser humano es, para el ser humano, lo más importante en esta tierra.

También podemos observar, que si clasificamos estas palabras en positivas o negativas, según los parámetros culturales que nos rigen; vemos que existe un número inmenso de vocablos que describen el vicio por exceso en la auto valoración: soberbio, pedante, vanidoso, altanero, presumido, jactancioso, petulante, arrogante, engreído, fatuo, altivo, etc.

Pero en el momento en el que buscamos palabras que describan el vicio por falta de amor propio, parece que no existe ninguna que lo describa. Esto, que parece accidental, quizás no lo sea. A lo mejor, en la fuerte relación histórica entre el catolicismo y España, podamos encontrar una posible explicación de este olvido.

Dentro del sinnúmero de vocablos auto evaluativos que posee el castellano, encontramos dos palabras que son consideradas sinónimos por la Real Academia Española; pero que si profundizamos en el origen etimológico de las mismas, podremos encontrar profundas diferencias. Estas dos palabras son: humildad y modestia.

El término humildad viene del latín "humus", locución que significa tierra. O sea, humilde quiere decir que se encuentra al ras de la tierra, postrado ante alguien o algo a lo que se considera superior.

Indudablemente este vocablo tiene una profunda relación con el espíritu religioso. Al presentarse el hombre ante su Dios, debe tenderse a los pies del mismo, debe ubicarse por debajo en clara alegoría a la relación desigual que existe entre ambas partes.

Pero lo cierto es que hoy usamos el concepto de humidad, para referirnos principalmente a la relación de una persona para con los demás. En este punto es interesante el hecho de que cuando hablamos del prójimo, usamos el término semejante; lo que implica que no está tan por encima del otro como para sentirse un dios, ni tan por debajo como para tener que arrastrarse a sus pies.

Es importante dejar en claro que no me estoy refiriendo a una cuestión de igualdad de derecho, sino a la desigualdad de hecho.

Retomando el planteo, que no esté "tan por encima", no significa que no le esté al menos un poco. Esta persona, según la pauta cultural católica/latina, debe ser humilde y renegar de su superioridad; pues aún un honesto y recatado reconocimiento de su supremacía en algún talento, es considerado como una muestra de vanagloria y como una actitud vergonzante.

A la par, pero en la vereda de enfrente, encontramos la llamada "falsa humildad". Esta no es más que una forma educada e intelectualmente deshonesta de ser soberbio.

Diógenes Laercio nos cuenta una anécdota que hace referencia a esta falsa humildad. En una oportunidad, Sócrates se encontró en el mercado con su discípulo Antistenes; este último vestía un manto en muy mal estado, pretendiendo ser el más humilde de todos; al verle Sócrates le dijo "por entre las aberturas de tu túnica puedo ver tu vanagloria".

Considero a la falsa humildad como la peor forma de expresión de la soberbia. En ella no sólo se pretende (aun inconscientemente) que uno sea alabado, sino que además subestima la capacidad valorativa del otro.

Como mencioné anteriormente, humilde y modesto se utilizan indistintamente como si fuesen sinónimos, hecho que considero inapropiado y desafortunado.

Modesto proviene del latín "modus" que quiere decir medida. Esto significa que modesto es aquel que reconoce su medida; es aquel que no se sobrevalora pero tampoco se menosprecia. Quien es modesto reconoce su mérito, no lo esconde pero tampoco hace alarde del mismo.

De este modo, podríamos considerar, que así como la soberbia es el vicio por exceso de la propia consideración, la humildad sería su vicio por defecto. Luego la modestia quedaría como el punto medio, sería el equilibrio justo, la modestia sería la expresión virtuosa del amor propio.

Existen otros aspectos a considerar con respecto a estos términos.

El humilde (como dijimos, término más asociado a lo religioso) al considerarse a sí mismo por debajo de su interlocutor, aún antes de comenzar relación alguna, se encuentra predispuesto a aceptar lo que le imponga su dios (autoridades, caudillos, gobierno).

El humilde es dogmático, por lo que repite las sentencias que su dios le dijo como si fuesen verdades absolutas y es sumiso, al aceptar lo que se le diga sin ponerlo en consideración. Prima en él la actitud sobre la aptitud, o sea, la disposición sobre la capacidad, la obediencia sobre la independencia y al restarle importancia a la capacidad, reniega y desconoce el concepto de mérito.

Por su parte, el modesto inicia su relación con el otro en un mismo plano, en un plano de igualdad, lo que sería en igualdad de derecho. Luego, de acuerdo a como se desarrolle la competencia de sus capacidades, esta relación irá cambiando. El modesto es racional, prima en él la aptitud sobre la actitud, por lo tanto valora la capacidad y reconoce y aprueba el concepto de mérito.

El concepto de humildad está en franca consonancia con el de igualitarismo, o sea con la igualdad de hecho entre las personas. Quien promueve la humildad, reniega el derecho de un hombre a poner en evidencia el mayor desarrollo alcanzado por sobre sus congéneres. Y estoy seguro que hasta aquí varios de los lectores de estas páginas, estarán de acuerdo con esto, pero déjenme traducir esta idea a la vida cotidiana.

Poner en evidencia mi superioridad en algún tema sobre otro, no implica que lo haga vanagloriándome. El docente en el aula tiene esa superioridad sobre los alumnos, los padres la tienen sobre sus hijos, un especialista en algún tema sobre el que no lo es.

Esta tabla rasa llamada humildad; en la que todas las opiniones tienen el mismo valor (que no es otra cosa que la verdad relativa o relativismo moral del que hablaremos más adelante), termina con la autoridad (no autoritarismo) del padre, del docente y del especialista. Y es así como los docentes abandonaron su posición de superioridad, lo que produjo un conjunto amorfo de alumnos y padres que desconocen la autoridad del maestro y que rechazan, incluso con violencia, las sanciones o las malas notas "impuestas" a sus niños.

Y esos mismos padres, son los que dejaron de ser padres para ser "amigos" de sus hijos. Abandonaron la patria potestad y se colocaron en un plano de igualdad con sus vástagos; lo que lleva a las quejas acerca de lo indomable que es su prole y la absoluta imposibilidad para ejercer la función de tutor.

Por su parte, el concepto de modestia promueve una igualdad de acceso a las oportunidades, o sea la igualdad de derecho entre las personas.

La humildad busca hacer iguales a los hombres, mientras que la modestia busca tratarlos igual. Como dijo Friedrich Von Hayek "Hay una gran diferencia entre tratar a los hombres con igualdad e intentar hacerlos iguales. Mientras lo primero es la condición de una sociedad libre, lo segundo implica, como lo dijo Tocqueville, una nueva forma de servidumbre".

Como si fuese la frutilla del postre de este capítulo, vamos a analizar lo que es el orgullo. Esta palabra hace referencia a un estado emotivo positivo en el espíritu de una persona tras un logro propio o ajeno.

Lo interesante es que dicho sentimiento, es aceptado en nuestra cultura latino/cristiana si se refiere al éxito de un tercero, pero es bastardeado si el lauro es propio. Vemos que tiene la misma lógica que el concepto de humildad, sólo que se comporta como su antónimo.

La propia Real Academia Española considera al orgullo como: arrogancia, vanidad, exceso de estimación propia. Pero nuevamente, si buscamos su etimología, descubrimos que tiene su origen en el germánico "urguol", vocablo que quiere decir notable, o sea que se destaca.

La pregunta sería, ¿por qué no debería sentir tanto orgullo por mis propios logros como por los logros ajenos? Si el orgullo es el sentimiento de satisfacción que se genera en nosotros, tras haber superado los obstáculos y alcanzado una meta, ¿acaso nuestros éxitos son menos valiosos que los éxitos de los demás?

Como dije anteriormente, creo que el hecho de que la Real Academia Española considere al orgullo como un defecto y a la humildad como una virtud, tiene una mucho que ver con los fuertes lazos históricos de la Península Ibérica con el Vaticano y el catolicismo.

Lo cierto, es que luego de analizar estos conceptos y consciente del poder que tienen las palabras, quiero cerrar estas reflexiones condenando a la palabra humildad a la condición de defecto; bajo los cargos de atentado contra la entereza del amor propio y la autoestima.

Por otra parte, quiero redimir al vocablo modestia; falsamente acusado de ser miembro de una asociación ilícita junto a la palabra humildad y lo proclamo protector de la integridad personal.

Por último, relevo de cargo y culpa al término orgullo; injustamente sentenciado a ser sinónimo de arrogancia y lo declaro embajador de nuestros logros en el mundo de la vida en sociedad.

Si sentimos orgullo de nuestros logros y somos modestos en nuestro proceder, estaremos celebrando la superación personal y los avances de la humanidad. Seremos además, justos en la valoración para con nosotros mismos y honestos intelectuales para con los demás. Esta es la base de una convivencia verdaderamente progresista, respetuosa y promotora de la paz.

¿Caridad o filantropía?

Así como en el capítulo anterior hablamos del uso indistinto (erróneo a mi entender) de los términos humildad y modestia; creo que sucede algo parecido con las palabras caridad y filantropía. Aunque en este caso hay algunos puntos en común entre ambos conceptos.

La caridad es una de las tres virtudes teologales católicas (fe, esperanza y caridad). Estas virtudes tienen un fuerte componente sentimental por sobre el intelectual, apuntan al corazón más que a la razón, apuntan a la actitud más que a la aptitud.

La caridad está en consonancia con la piedad y con la misericordia. Estos tres sentimientos empáticos, si escarbamos en lo profundo de sus fundamentos, denotan una posición de superioridad, casi paternalista; desde dicha posición subconsciente de supremacía por sobre el otro, sentimos el deber de asistirlo, de ampararlo, soslayando la consideración de sus méritos. Nietzsche diría que esperamos que las obras de caridad nos den la redención, calmando nuestro sentimiento de culpa.

La caridad tiene que ver más con el socorro que con un esfuerzo planificado a largo plazo; tiene que ver con la ayuda instantánea, con la inmediatez para asistir en una crisis, resolviendo una desgracia concreta. Esta puntual y excepcional asistencia al desvalido es absolutamente loable e incluso lógica y necesaria.

Pero en cuanto la caridad se institucionaliza, en cuanto deja de ser un "a veces" para convertirse en "un siempre", destruye al hombre, humilla su espíritu y lo degrada a un estadio sub-humano.

Por otra parte, la filantropía es algo más que la caridad; no se agota en el simple (y muchas veces impostergable) asistencialismo. Esta forma de amor al hombre nos obliga a un mayor esfuerzo, nos obliga a adquirir mayores responsabilidades; y al comprometernos más profundamente, nos produce más satisfacciones y más sinsabores.

La caridad, al momento de satisfacer nuestra consciente o inconsciente sensación de deber moral o social, es mucho más simple y efectiva que la filantropía. El darle "un pescado" a quien lo necesita y convencerlo que eso es lo mejor para él (más allá de que sea cierto o no), es mucho más sencillo y su resultado inmediato, si lo comparamos con el esfuerzo y la dedicación que implica el darle una caña y enseñarle a pescar.

Considero que la caridad debe ser ejercida en forma excepcional y en casos terminales, en aquellas situaciones en las que es imposible que un individuo pueda recuperarse por sí sólo. Debería practicarse exclusivamente en aquellos casos en los que no es posible ejercer la filantropía.

No me gusta ejercer la caridad (aunque reconozco su necesidad), siento que ella destruye la integridad del ser humano, es casi como tenerle lástima. Para explicarme mejor, los invito a reflexionar sobre las siguientes preguntas y que valoren el impacto de sus respuestas en su propia autoestima.

¿Le gustaría a alguno de nosotros que alguien la ejerciera en nuestro favor? ¿Cómo nos sentiríamos al recibir una limosna por más grande que esta fuera? ¿No nos sentiríamos poca cosa? ¿Impotentes? ¿Esclavos de la dádiva y de la buena voluntad de otros? Sólo una persona con una debilidad ética extrema, puede sentirse satisfecho al recibir lo inmerecido.

La diferencia entre el amo y el esclavo es la libertad. La libertad es la capacidad de decidir qué hacer con lo que nos pertenece (tanto lo material como lo espiritual). Aquello que nos pertenece se llama propiedad privada, nuestro cuerpo, nuestro intelecto y nuestros bienes son nuestra propiedad privada; para que podamos disponer de los bienes materiales propios a nuestro antojo primero debemos ganárnoslos. El ganárnoslos nos hace dignos propietarios, mientras que la dádiva sólo nos transforma en meros inquilinos.

El esclavo (hablo de la esclavitud actual, esa esclavitud voluntaria y sin cadenas a la que muchos se entregan al aceptar la caridad política crónica e institucionalizada); ese esclavo ha resignado su libertad física y mental en pos de una seguridad material y de la eximición en la responsabilidad que conlleva la toma de decisiones y de sus consecuencias, se ha vendido en cuerpo y alma.

Decía Schumpeter "ningún almuerzo es gratis", siempre se paga. Quien trabaja paga con su labor, quien recibe la caridad institucionalizada paga denigrándose, paga con su vida.

Caridad y filantropía no son acciones incompatibles ni excluyentes, son complementarias. Una de aplicación excepcional, la otra permanente.

Amo al ser humano, y porque lo amo le exijo, lo desafío, lo insto a superarse, le reclamo que se esfuerce, que procure y alcance sus metas a través de sus propios medios.

Es interesante analizar, ya desde un aspecto social y por qué no político, la directa relación entre la caridad y la solidaridad. Ambas acciones se refieren a la ayuda excepcional, podríamos definir a la solidaridad como el referente ateo de la caridad.

Para poder ejercer la filantropía, la caridad o la solidaridad es imprescindible que exista y se respete la propiedad privada. Ninguna de ellas son viables sin que la persona oferente sea dueña de lo que va a entregar, ya sea un bien material o inmaterial. Ya Aristóteles hacía referencia a ello: "la propiedad privada es la única que permite practicar la virtud de la caridad".

Luego debe existir la voluntad del propietario de entregar su propiedad. Repito lo que expresé en otro párrafo, la libertad de disponer del fruto de su trabajo es lo que lo diferencia al hombre libre del esclavo y agrego;

la libertad de disponer del fruto de su intelecto es lo que lo diferencia de un buey que tira un arado.

Por ello, las medidas solidarias coercitivas de los gobiernos, que alegremente regalan lo que esquilmaron a quienes producen, no sólo no son solidarias sino que son un robo, una vejación al derecho primero de las personas, al derecho a ser amo y señor de sus esfuerzos, de sus bienes y de sus actos.

Abusando de la empatía que despiertan las causas nobles y bien intencionadas en el grueso de nuestra población o tal vez explotando ese ancestral sentimiento caritativo católico que anida en nuestros genes; los políticos nos han convencido que ellos son los indicados para que canalicemos nuestro espíritu solidario.

Incluso han institucionalizado la solidaridad y nos la han hecho asumir en frases que pocos son capaces de poner en duda, expresiones tras la que se esconde una nueva forma de esclavitud, frases como "redistribución del ingreso", "mayor equidad" o "igualdad de oportunidades" (lo que de verdad es justo es la igualdad de acceso a la oportunidad); todas ellas esconden el concepto "te voy a sacar algo para regalárselo a otro".

Con estas sentencias "políticamente correctas", repetidas una y otra vez hasta hacérnoslas carne, los políticos se han encargado; por una parte de esclavizar a millones de argentinos, para que les entreguen el fruto de su trabajo, y por otra, de idiotizar a otros tantos millones de argentinos para que se transformen en mascotas dispuestas a votar u obedecer por una migaja.

> "Las personas no son recordadas por el número de veces que fracasan, sino por el número de veces que tienen éxito".
> Thomas Alva Edison

La selección de futbol de la Argentina está integrada por jugadores que son figuras en sus equipos y como si eso no fuese suficiente, cuenta entre sus filas con el mejor jugador del mundo, Lionel Messi. Esta selección ha sido subcampeona en el mundial del 2014 al igual que en las dos últimas Copas América (2015 y 2016).

Teniendo en cuenta que estas preseas son muy importantes, entonces ¿por qué en Argentina se consideran un fracaso estos resultados? Quizás la respuesta la encontremos en la frase que sentencia "el segundo es el primero de los últimos", paradigma de nuestra mísera idiosincrasia triunfalista, quizás un soberbio espejismo de algún atávico y velado complejo de inferioridad.

Los argentinos somos adolescentes que no toleran la derrota, tanto es así, que incluso llegamos a sacrificar todo en procura de alcanzar la victoria; sacrificamos nuestros afectos, sacrificamos la moral, incluso sacrificamos nuestra dignidad e integridad.

Pirro fue un general que enfrentó a los romanos y los venció al costo de perder casi todo su ejército, luego de la victoria dijo: "una victoria más como esta y regreso sólo a casa" (de ahí viene la famosa expresión una victoria pírrica). Esa es la mentalidad, esa es la actitud del argentino ante la posibilidad del fracaso que tanto lo aterra.

Es tal el prejuicio al "qué dirán", la casi sinonimia de fracaso y degradación, la pobre, lúdica, frustrante e infantil concepción del fracaso de los argentinos, por demás asociada al "game over"; que en su afán de victoria, el hijo de esta tierra ofrenda su ética e inmola sus valores con tal de evitar esa humillación; vence, pero vuelve a casa sólo, sin su ejército de principios, principios masacrados en el camino.

Somos claros representantes de la idea maquiavélica de que "el fin justifica los medios". Y basados en este principio (que hipócritamente negamos), nos vanagloriamos de "la mano de dios" ante los ingleses o de "los bidones de agua de Bilardo" o de cómo "le pasamos el cuarto a algún gil" o de "cómo evitamos hacer una cola". Nos pavoneamos de lo que en realidad es una vergüenza, alardeamos de nuestra "viveza criolla".

¡Incluso el truco, nuestro juego de cartas tradicional, se basa en la mentira y el engaño!

La falta de tolerancia del fracaso ajeno, más la incapacidad de sobreponernos al fracaso propio, sumados a las condiciones burocráticas laberínticas del estado, sólo tienen un resultado posible: la paralización del desarrollo económico, científico y social del país.

Esta conjunción de elementos, esta suma de engranajes se transforma en una fabulosa máquina de impedir, máquina que nos convierte en personas abúlicas, en conservadores satisfechos que viven atrasando en un mundo que se reinventa incesantemente, que avanza en progresión geométrica y que irremediablemente vemos día a día más distante.

En su libro "Innovar o morir", Andrés Oppenheimer hace una descripción brillante de esta situación; "si queremos subirnos al mundo debemos correr, el mundo no se va a detener ni nos va a esperar para que lo hagamos".

Para ello, la política debe hacer su parte. Paradójicamente lo que debe hacer es hacer lo menos posible y no molestar a los que producen. Es imperioso simplificar los procesos burocráticos, eliminar las trabas legales, terminar con las corporaciones sindicales y colegiadas, acabar con los privilegios que el estado brinda a empresas y personas, cancelar los subsidios que distorsionan la economía, bajar los costos laborales e impositivos y facilitar la inserción en el mercado mundial de los medianos y pequeños productores.

El estado tiene mucho que modificar, pero nosotros también tenemos el desafío de cambiar.

Primero debemos permitirnos el fracaso propio, asumirlo como una posibilidad cierta. Thomas Alva Edison desdramatiza el fracaso y lo revalora al asegurar que "Una experiencia nunca es un fracaso, pues siempre viene a demostrar algo"; por su parte, Johann W. Goethe asevera que "El único hombre que no se equivoca es el que nunca hace nada" y Franklin D. Roosevelt agrega "En la vida hay algo peor que el fracaso: el no haber intentado nada".

El triunfalismo no es otra cosa que un signo de inseguridad, de falta de confianza en uno mismo. No pretendo encontrar en el fracaso un lado positivo (como en los libros de autoayuda) porque simplemente no lo tiene. Lo positivo no es el fracaso, lo positivo es el coraje de intentarlo, el coraje de enfrentarse a la posibilidad de fallar y aun así no retroceder.

Una de las tres virtudes que Platón describía en el sabio, era la fortaleza y esa fortaleza no es la energía para enfrentar al enemigo, tampoco es el valor de afrontar las vicisitudes; esa fortaleza se refiere a la capacidad de combatir uno contra uno mismo y vencer.

Por otra parte, así como debemos aprender a asumir con naturalidad nuestros fracasos, también debemos hacerlo con los fracasos ajenos. Una persona, intelectualmente honesta, que ha fracasado y lo ha asumido, tendrá mucho más que ofrecer que aquel que nunca mostró valor y fortaleza, que aquel que nunca intentó, que aquel que nunca salió de su zona de confort.

Por último, también debemos aprender de nuestros fracasos como ciudadanos. En los últimos 100 años la Argentina pasó de ser el 8º país del mundo, a convertirse en apenas una nación mediocre.

Para explicar o justificar esta decadencia, no busquemos culpables en el extranjero, tampoco en las multinacionales ni en los políticos.

TODOS Y CADA UNO DE NOSOTROS somos responsables de nuestro fracaso como país por inacción, por desidia; en nuestra comodidad hemos cedido el manejo de la patria a los corruptos y demagogos; y ahora estamos pagando las consecuencias.

Antes de comenzar a discurrir sobre este tema tan escabroso me gustaría reproducir algunos de los artículos de la declaración de los derechos humanos dictados por la Organización de Naciones Unidas en 1948:

Artículo 3: Todo individuo tiene derecho a la vida, a la libertad y a la seguridad de su persona.

Artículo 8: Toda persona tiene derecho a un recurso efectivo, ante los tribunales nacionales competentes, que la ampare contra actos que violen sus derechos fundamentales reconocidos por la constitución o la ley.

Artículo 19: Todo individuo tiene derecho a la libertad de opinión y de expresión; este derecho incluye el de no ser molestado a causa de sus opiniones....

Artículo 21: Toda persona tiene el derecho de acceso, en condiciones de igualdad, a las funciones públicas de su país.

Artículo 23: Toda persona que trabaje tiene derecho a una remuneración equitativa y satisfactoria, que le asegure, así como a su familia, una existencia conforme a la dignidad humana...

Luego de analizar estos textos, lo primero que descubrimos que tienen en común todos ellos es que sólo los individuos detentan derechos, ni las corporaciones, ni la sociedad, ni el gobierno los poseen.

Seguidamente, advertimos que los valores centrales que se defienden en ellos son la libertad y la igualdad de derecho. Quien debe hacer que estos dos pilares de la vida en democracia se respeten es el gobierno. Él debe impedir que se atente contra la seguridad física y jurídica de las personas, él debe velar porque no se cometan discriminaciones raciales, culturales o sexuales; él debe cuidar que impere la justicia y que cada quien reciba lo que merece. El único factor de discriminación que debemos respaldar es el del mérito.

Pero esto no es lo que sucede, el gobierno toma el poder que se le ha delegado en forma discrecional sin recordar que ese poder no le es propio. No premia o elige al que lo merece sino a quien le es funcional, se rodea de un séquito que le es obsecuente y que defiende en forma corporativa al poder político, adormece los reclamos judiciales hasta transformarlos en gritos ahogados, desoye la demanda de los mansos y los obliga a resignarse a tolerar los atropellos que sufren en contra de sus vidas, sus bienes y sus derechos.

¿Se pueden perder los derechos humanos? Claro que sí, el derecho a la liberad se pierde si uno ha vulnerado los derechos de un tercero, esta restricción de la libertad tiene una triple finalidad.

En primer lugar es preventiva; por un lado evita que quien ha delinquido pueda seguir realizando sus actos ilegales; pero además, el conocimiento de que existe un castigo para quien infringe la ley, en principio desanimaría a los futuros infractores (disuasiva).

En segundo lugar es punitiva; si el malhechor no recibe un castigo por su proceder impropio asumirá que sus actos no le traen consecuencias negativas efectivas, por lo tanto podrá seguir realizando sus fechorías. Dijimos que el estado debe discriminar sólo por el mérito; púes su antónimo, el demérito, conlleva, por la ley de los opuestos, a la pérdida de los derechos adquiridos.

Por último y no menos importante está el fin de regenerar al transgresor; la idea es que el individuo comprenda su error, corrija su comportamiento y se reinserte en la sociedad, respetando el derecho de sus congéneres.

También se pierde el derecho a la igualdad, por el simple hecho de que quien delinque dejó de ser igual a quien respeta la ley. La igualdad es sólo aplicable entre los iguales, por ello no puede recibir el mismo trato quien comete un crimen doloso que quien no lo comete ó quien afecta a un tercero en defensa propia que quien lo haga en forma maliciosa. Si no juzgamos la intencionalidad estaremos juzgando consecuencias y no causas, y para poder resolver un problema hay que modificar el origen del mismo y no sus resultados.

Todos tenemos derechos humanos vigentes mientras respetemos los derechos de los terceros y el estado debe proteger a quienes actúan de acuerdo con las normas. Esta imprescindible protección (la ley) lleva implícito en su génesis, que existe una contraparte dispuesta a vulnerar mis derechos, la otra cara de la misma moneda y es a estos transgresores a quienes deben suspendérseles transitoriamente los derechos a la libertad y a la igualdad (luego de haber sido hallados culpables en un proceso justo y con todas las garantías).

Pero por desgracia, este cuadro de situación conveniente y necesario para la vida en sociedad, no es el único que se presenta. Porque no sólo pierde sus derechos quien delinque, sino que los perdemos todos nosotros en manos de nuestros dirigentes y de los forajidos que nos obligan a, los primeros a aceptar lo que se nos impone y los segundos a recluirnos tras las rejas. Ambos, dirigentes y forajidos, comparten el mismo fin (quitarnos nuestra libertad) y comparten el medio (la intimidación y la coacción).

Mérito y demérito, premio y castigo, blanco y negro, antinomias esenciales para alcanzar una convivencia en paz.

Según el diccionario de la Real Academia Española, la acepción etimológica de la palabra "discriminar" es separar, diferenciar una cosa de otra. Por lo tanto la acción de discriminar no encierra un juicio de valor, no es mala ni buena en sí misma, depende de cual sea el motivo por el que se la practica, la cualidad peculiar con la que distinguimos a los unos de los otros.

Cuando las personas discriminan por motivos religiosos, étnicos, políticos, sexuales, económicos o sociales; se transforman en tiranos, intolerantes déspotas que son guiados por el odio o por la impotencia para hacer prevalecer sus propios conceptos en igualdad de condiciones con quien disienten. Pero esta discriminación no es la única que existe, hay otra que es la que ejerce todo ser vivo y que como humanos la tenemos que llevar adelante aún con más ahínco pues nuestra vida como persona depende de ello. Esa es la discriminación que separa lo que es bueno de lo que es malo, lo que sirve de lo que no, lo que es correcto de lo que no lo es.

En el reino animal este proceso se limita a aquello que le indica a la bestia cuales son las acciones que debe emprender para poder sobrevivir, que alimentos comer y cuales no, que actitud tomar con respecto a los animales que lo rodean e interpretar las señales de alerta que le envía la naturaleza. Vemos que por un lado adoptan actitudes que se encuentran impresas en su memoria genética, como las migraciones o la convivencia en simbiosis y por otra parte, otras instintivas, que son decisiones particulares, como la respuesta a una agresión.

Para nosotros los humanos esto va mucho más allá, ya dijimos que no podemos considerar que la vida humana sólo se limita al hecho de respirar o comer, estamos vivos cuando pensamos y decidimos en libertad y eso es nada más y nada menos que discriminar.

Permanentemente estamos diferenciando lo que nos sirve de lo que no, lo que deseamos de lo que no, lo que necesitamos de lo que no. Pero como animales sociales que somos, como ciudadanos, tenemos que ejercer una discriminación interpersonal, una discriminación en la que distingamos a los miembros de la sociedad según un valor único y justo, debemos discriminar a quienes respetan el derecho del prójimo del que no lo hace.

No puede ser lo mismo cumplir con la ley que no hacerlo, delinquir que ser honesto; esto es un suicidio social, es la muerte de la democracia y el nacimiento de la anarquía, el regreso a la ley del más fuerte, del mazo más grande o de la billetera más abultada.

En las expresiones plásticas, la justicia está representada por una mujer que se encuentra con sus ojos vendados, esto es así no para que ella no vea las diferencias de los actos humanos, sino para que no haga diferencias previas, para que no tenga prejuicios y para que todos seamos medidos con la misma vara. Una vez juzgado quien afrenta los derechos de un tercero, debe ser discriminado del resto de la sociedad, mostrándolo como diferente, como un antagonista a la civilidad. Las personas de bien no tememos a esta discriminación, es más, la necesitamos.

Existe, además, una discriminación que es realizada por la naturaleza y que corresponde a todos y a cada uno de nosotros, y a los gobiernos, reconocerla y aceptarla; es la discriminación que se basa en las aptitudes de cada persona.

Todo el mundo tiene derecho a intentar alcanzar un objetivo, no todos lo pueden hacer realidad. Me encantaría manejar un fórmula uno, o ser astronauta, o ser un Beethoven, o un físico nuclear; pero mi deseo no es condición suficiente, no sólo debo tener la actitud sino la aptitud para conseguir estos objetivos.

Por lo tanto el estado debe facilitarme los medios y darme las mismas oportunidades que al resto para intentarlo, debe vigilar que yo sea evaluado en igualdad de condiciones que mis congéneres para aplicar a lo que deseo alcanzar. Esto no quiere decir que lo consiga, dependerá de si estoy calificado para recibir mi premio, nadie puede asegurarme el éxito, sólo el derecho a aspirarlo.

Esa es la diferencia entre igualdad de derecho e igualdad de hecho. La única que es justa es la primera, aunque parezca despiadado es así, la segunda suena muy loable y hasta parece razonable cuando observamos las imágenes de miseria cotidiana que desgarran nuestro corazón, pero si la ayuda al prójimo que se lleva adelante no es ejercitada en forma voluntaria, desinteresada y filantrópica se convierte en una práctica hipócrita e infame.

La discriminación que padecemos a diario es la que, injustamente, efectúan nuestros gobernantes cuando reparten cargos públicos según el partido político al que se pertenece, u otorgan subsidios, concesiones o prebendas según simpatías o coimas. También, cuando debemos encarcelarnos en nuestras casas somos discriminados por honestos, cuando se dictan generosas moratorias impositivas somos discriminados por cumplidores, cuando los controles de conexiones clandestinas se realizan sólo sobre la clase media somos discriminados por mansos. Estas son las discriminaciones a las que debemos oponernos y desterrar.

Durante décadas, las escuelas, las universidades y los medios de comunicación han instalado en el subconsciente de los individuos, una serie de conceptos que delimitan el espacio en el que uno puede pensar; este espacio, fuera del que no nos imaginamos llegar a emitir una opinión; este espacio es el territorio de lo políticamente correcto.

Lo efectivo y absolutamente sobresaliente de este límite invisible, de este cerco ambiguo y vago que rodea nuestro pensamiento, es precisamente, que no se puede identificar con claridad su presencia, es por ello que no se puede cuestionar en forma puntual.

Pero además, este corralito tiene otro secreto, otra característica que lo hace único; el guardián que cuida que ningún pensamiento salga de ese límite, es el propio prisionero, uno mismo es su propio vigilante. Brillante.

Es brillante porque no existe en el mundo, nada más efectivo para esclavizar al hombre, que esclavizar su mente; nada es más efectivo que convertirlo a él mismo en su propio custodio; custodio que no precisa usar la violencia física para mantenerse como su propio prisionero. Las cadenas que usa se llaman autocensura, temor al reproche, sentido de pertenencia y necesidad de aprobación social.

Es muy difícil mostrarle a estos esclavos mentales que lo son, esto se debe a que están profundamente convencidos del altruismo de los ideales que tienen implantados, están profundamente convencidos de la calidad ética superior de la moral del auto sacrificio.

Esta estructura, que restringe la cualidad de libre pensador, se asienta principalmente sobre dos pilares: el relativismo moral y el bien social (o bien común). A la vez, estos pilares descansan sobre los firmes cimientos de: el sentimiento de culpa y el estado de confort. Veamos de qué trata esto.

El sentimiento de culpa nos limita en la capacidad de emitir juicios morales propios y firmes; el miedo a ser tildado como discriminador o extremista, termina produciendo una moral gris, cobarde, una moral donde lo bueno y lo malo pierden sus límites hasta confundirse el uno con el otro.

Es tal la confusión que esta moral gris o también conocida como relativismo (título que le da un carácter filosófico indulgente a este equívoco), que incluso se relativiza la idea de verdad y por ende la mismísima realidad.

¿Quién no escuchó más de una vez decir "cada cual tiene su verdad"? O sino ¿"quién soy yo para juzgar a otro"? Esta última pregunta tiene su corolario en la frase "no juzgués a otros si no querés ser juzgado", sentencia que nos asegura una "zona de confort" libre de responsabilidades.

Esta zona de confort no se limita al beneficio de no ser juzgado por nuestras acciones y por nuestros pensamientos, es mucho más grave. El verdadero problema es que, al no tener que preocuparnos por nuestro ser y hacer, esto nos exime de la obligación de pensar, del proceso de valorar y de tener que generar nuestras propias conclusiones.

Libertad, igualdad y fraternidad, son los tres principios fundamentales que le permitieron al individuo ser dueño de su destino, tener los mismos derechos que sus congéneres y vivir en armonía, o sea, respetar y ser respetado por el prójimo. El orden en el que se nombran estas tres palabras no es accidental, es esencial.

El postmodernismo entendió que el poder de estos tres principios era imbatible y con un giro dialéctico, maquiavélicamente brillante, invirtió el orden de consideración de los mismos; hecho que parece un ingenuo descuido, pero que dista mucho de serlo.

Al colocar a la fraternidad (solidaridad) como primer principio, el interés del hombre queda supeditado a los intereses de la sociedad y como la sociedad es una entidad abstracta que no tiene intereses per se, un puñado de burócratas gobernantes "definen" cuáles son esos intereses, pues son ellos y solo ellos, los únicos iluminados capaces de "saber" cuál ese bien común.

Para poder alcanzar esa fraternidad, ese teórico bien común (que no es otra cosa que el que todos seamos idénticos, sin peores ni sobresalientes, nadie más abajo y por consiguiente nadie más arriba), debemos hacer que todos seamos iguales. Suena muy bien ¿no? Todos iguales, suena, incluso, hasta justo.

El problema de este espíritu de hermandad, es que para que todos seamos iguales se nos debe tratar a todos distinto. O sea, el que tiene más dinero debe darle al que tiene menos; el que se saca diez en la escuela debe ser rebajado (esto se logra aboliendo el sistema de calificación y bajando el nivel de exigencia para que todos sean "aprobados"), el que marcha derecho por la vida debe encerrarse entre rejas para que el que "se extravía" pueda tener la posibilidad de compartir la calle y así otros tantos ejemplos.

Una muestra de esta discriminación mal habida la dio la fiscal Mónica Cuñarro cuando expresó que "es señero en considerar como agravante de la pena las altas condiciones culturales, educativas y sociales de los imputados. Es un fallo novedoso, me siento satisfecha", estos conceptos los vertió en referencia al juicio en el que se les agravaron las penas a 4 delincuentes "porque eran universitarios, pertenecían a familias con dinero y podían tener otra opción que el delito".

La pregunta es ¿cómo buscan los posmodernistas (mezcla de relativista moral e igualitarista) alcanzar está igualdad platónica? Simple, poniéndole una mochila más pesada al más fuerte, atándole los pies al más rápido, limitando con la currícula de la educación al más inteligente, exigiéndole más a los mejores y más esforzados para que ayuden a sus hermanos de especie. Le quitan a los capaces la libertad de levantar el peso que ellos quieran, la libertad de correr tan rápido como puedan, la libertad de pensar y crear tanto como ellos imaginen.

Desde muy pequeño te bombardean con la idea de que la fraternidad (también llamada solidaridad) es lo más importante, el más sublime valor humano; trabajan sobre tu sentimiento de culpa para que reniegues de tu superioridad o sobre tu resentimiento para que exijas que el otro se rebaje y para ello, aquel que es más capaz (si, más capaz, sin vergüenza) mutila su libertad de utilizar sus talentos y el que es menos exige recortarle la libertad al mejor para tener igualdad.

Debemos recuperar el valor de los verdaderos derechos humanos (no los manoseados), debemos recobrar el orden jerárquico de estos principios: Primero está mi libertad, la libertad de disponer de mi persona y de mis bienes según mi voluntad; luego la igualdad, que enmarca el derecho a tener el mismo acceso a las oportunidades y no la igualdad de ser considerados iguales. Y finalmente, todos y cada uno de nosotros podremos juntar nuestras manos para poder trabajar en forma fraterna por un mundo mejor.

Paradójicamente, lo políticamente correcto es lo incorrecto. Lo políticamente correcto es la negación de la esencia y de los valores propios del ser humano.

¿Qué es la justicia social distributiva? ¿Qué es lo que encierra esta frase grandilocuente, seductora, falsa, demagógica y sobre todo injusta?

Hablar de este tema, vilmente tergiversado por quienes lo concibieron y asumido por la mayor parte de la ciudadanía como positivo merced a un adoctrinamiento metódico y maquiavélico de la dirigencia, es al menos políticamente incorrecto y un suicidio social. A pesar de ello, voy a intentar desvelar la iniquidad que encierra su práctica.

Comencemos a desglosar esta patraña. La justicia no puede ser nunca social, la justicia sólo puede ser aplicada a los hombres; la determinación de los méritos y las responsabilidades es un hecho absolutamente individual. La sociedad no es un ente autónomo, no tiene derechos y por lo tanto no se le puede administrar justicia.

Aplicar la justicia implica dar a cada quien lo que merece, o sea, si el acto practicado es correcto amerita dar un reconocimiento, pero si el hecho cometido es un delito hay que condenarlo. ¿Podemos condenar una sociedad?

Si nos limitamos a realizar un análisis superficial podríamos decir que si, que se habría ensayado esto en distintos momentos de la historia (valga como ejemplo la funesta condena de la sociedad judía por parte del nazismo); pero si lo pensamos mejor, veremos que los condenados, los que padecieron de aquel horror, eran individuos, personas de carne y hueso que tenían en común la condición de ser judíos; no padeció de torturas ni masacres un ente etéreo llamado la sociedad judía.

Por otra parte, la quimera distributiva es el condimento exacto necesario para que esta obra maestra de sumisión perversa se esconda bajo el disfraz de santidad. La idea de un Robin Hood, que despoja a los ricos para darle a los pobres, tiene ribetes que son mínimamente peligrosos. Primero considera que el rico no merece tener lo que tiene, que su riqueza la obtuvo abusando de otros. Luego supone que el pobre es necesariamente un explotado, que es una víctima de los poderosos. Por último, cree que un iluminado burócrata tiene la capacidad de determinar cómo deben repartirse los bienes para que se haga justicia.

La primera herramienta de extorsión que utilizan estos titiriteros es la solidaridad compulsiva. Esta es una intimidación moral que se ejerce sobre los que más tienen para que resignen parte del fruto de su trabajo. Luego a este botín lo distribuye entre los más necesitados, como si fuese un esclarecido mesías que se queda con el reconocimiento y la gloria, como si lo repartido fuese propio.

Después se ajusta la presión impositiva sobre los más pudientes, con el dinero que se obtiene de ellos, se financian las loables y necesarias obras de educación y salud pública (servicios que paradójicamente no utiliza este sector de la sociedad que hace el aporte). Pero sucede que además, parte de estos fondos, se malversan en forma discrecional a través de planes sociales o subsidios, la caridad institucionalizada es un modo sutil y oculto de sometimiento.

El asistir en forma continua y sistemática con limosnas a quienes no encuentran el camino para desarrollarse en el plano económico, en lugar de brindarles el asesoramiento y las herramientas necesarias para alcanzar su autonomía, mantiene a estas personas en un estado de modorra y servidumbre. Y si hay un siervo hay un amo, ese amo es el que le da las migajas diarias, manteniendo su poder vigente gracias a este artilugio de opresión disfrazado de beneficencia.

Ahora veamos porqué es injusto todo esto. En primer lugar, se le quita la autarquía a quienes dependen de esta dádiva para poder sobrevivir, se les quita la esencia de su condición de seres humanos, su derecho a la autodeterminación, su libertad.

Por otro lado, quienes deben aportar al mantenimiento de estas familias, por lo general numerosas, deben resignar anhelos propios a favor de terceros desconocidos. Para ilustrarlo mejor, digamos que soy un padre de clase media con dos hijos y me hubiese gustado tener un tercer hijo; pero mí presupuesto familiar no me permite traer al mundo a otra persona y brindarle la comida, salud, educación, vestimenta y demás elementos que considero es mí deber otorgarle.

Frente a este cuadro de situación se me ocurre plantear los siguientes interrogantes ¿Es posible, que si no pagase tantos impuestos para subsidiar a familias con muchos hijos y pocos recursos, hubiese podido traer al mundo el vástago que resigné? ¿Es justo que yo deje de tener un nuevo y deseado descendiente, consiente de no poder encuadrarlo dentro de lo que considero paternidad responsable, para que otros tengan hijos con alegre ligereza? ¿Qué clase de asistencia tendrán estos niños hacinados, fruto de la falta de comprensión de que la paternidad es una moneda que tiene dos caras, una la del derecho a ser padre y la otra la de la responsabilidad que esto conlleva?

Lo cierto es que el dinero que se me confisca para mantener toda esta parafernalia no es mío, no me pertenece. Ese dinero es el de mis hijos por nacer, que nunca tuvieron ni tendrán el derecho a existir; a ellos les deben las explicaciones estos truhanes.

Para analizar qué es la inseguridad, primero debemos comprender que significa y que implicancias tiene el concepto en positivo; o sea, es necesario comenzar por entender la idea de seguridad.

Muchas veces, asumimos ciertos conceptos como si su entendimiento fuese innato y esta presunción (unas veces subconsciente, otras por vergüenza de parecer ignorante, otras como medio automático de pertenencia al club de los políticamente correctos); este tipo de suposición suele llevarnos a realizar análisis errados.

¿Sabemos realmente qué es la seguridad? ¿Es natural? ¿Es siempre buena y deseable la seguridad? ¿Es gratis?

Seguridad proviene del latín "securitas" que significa "se" (separar) "curus" (cuidado) "tas" (cualidad); o sea, es la cualidad de estar sin cuidado o preocupación. Sólo un pequeñísimo adelanto; cuando a la palabra "seguridad" le agregamos el prefijo negativo "in", el sentido del término es "sin seguridad", en síntesis, inseguridad quiere decir "no poder dejar de estar preocupado".

La seguridad no es natural, su búsqueda si lo es. Es una ambición tanto animal (conservación de la especie) como propiamente humana, es la búsqueda de los medios que permitan neutralizar la incertidumbre que implica la vida misma.

Todos los animales, incluidos nosotros, procuran adaptarse al medio ambiente en el que viven y a la vez, intentar adaptar este a sus necesidades. Claros ejemplos de esto, son las acciones evasivas o de camuflaje de los animales (tanto depredadores como presas), o la búsqueda de un refugio para poder resguardarse.

Por su parte, la seguridad propiamente humana es la que busca el individuo en su desarrollo personal y en su vida en sociedad.

Aseguramos nuestros bienes materiales, tomamos seguros de salud y de vejez; colocamos disyuntores eléctricos en nuestras casas, usamos casco al circular en moto o bicicleta y cinturón de seguridad en nuestros automóviles. Buscamos la seguridad laboral, el bienestar social (una forma de seguridad) y la seguridad jurídica y cívica.

Como decía Schumpeter "ningún almuerzo es gratis" y la seguridad tampoco lo es. Aquellas seguridades en las que el que paga y el que se beneficia son la misma persona (seguro del auto, de la casa, de salud, de vejez) pertenecen al ámbito privado. Cada quien sabe cuán importante es para él esa seguridad y cuanto está dispuesto a pagar por ella, o sea cada quien define qué valor tiene y si la relación costo beneficio le conviene.

Un pequeño paréntesis. Muchas personas confunden precio con valor. El precio es el número que tiene el cartelito pegado al producto, es objetivo y está compuesto por los costos más la ganancia del comerciante.

El valor es subjetivo, es personal y circunstancial. El valor significa cuanto esfuerzo (monetario, físico o metal) estamos dispuestos a dedicar para obtener o mantener aquello que deseamos o necesitamos.

Una pata de jamón crudo puede tener un precio elevado, pero para el vegetariano no tiene ningún valor.

Volviendo al tema, dijimos que la seguridad que uno paga para sí mismo pertenece al ámbito de lo privado y no reviste mayor inconveniente.

El problema se presenta con aquellas seguridades que involucran a la sociedad en su conjunto. En este caso, el problema es más intrincado, ya que no todos aportan lo mismo y no todos reciben similares beneficios. Podríamos llegar a considerar esto un hecho muy generoso (que no lo es porque la generosidad es voluntaria y los impuestos no lo son) pero definitivamente no es equitativo.

Existen un sinnúmero de seguridades que en realidad son privilegios y que además son injustos; valgan como ejemplos el salario mínimo, la seguridad social, los subsidios y algunos servicios públicos, entre otros. Cada una de estas pseudo seguridades merece un capítulo aparte, por lo que no profundizaremos en ellas en el presente apartado.

Solo adelantaré que todo lo deseable para el bien del prójimo (que suele representarse en la figura del más necesitado), que no sea otorgado en forma libre y consentida, que no sea donado sino expropiado, siempre será un privilegio, siempre será injusto.

Finalmente llegamos a la más significativa de todas las seguridades; a la más importante, primera y esencial seguridad de la vida en sociedad, la seguridad ciudadana. Esta es el conjunto de acciones a favor de la integridad de cada uno de los habitantes y de sus bienes, o sea es asegurar el respeto del individuo tanto en lo espiritual como en lo material.

Proveer esta seguridad defensiva, es la única obligación indiscutible del estado. Su razón de ser, el fundamento único de su existencia, es el de resguardar a todos y cada uno de nosotros de los atropellos de todos y cada uno de nosotros.

El uso monopólico de la fuerza que delegamos en manos del estado, le permite a cada ciudadano enfocarse en su desarrollo personal, sin tener que distraer esfuerzo alguno en proteger su persona y su propiedad de aquellos que no respetan ni a una ni a la otra.

La función del estado NO ES procurar el bienestar de todos, la función del estado ES EL prevenir y repeler el ataque contra cada uno.

Rousseau imaginó las reglas de convivencia como base de su famoso contrato social; casi en la antítesis del pensamiento, Rand comparte el entendimiento de este principio, aunque no su origen casi místico. Las reglas de convivencia son imprescindibles.

Sea cual fuere nuestra posición filosófica, lo cierto es que nadie tiene derecho a iniciar el uso de la fuerza contra otra persona, el uso de la misma sólo se admite en defensa propia. Luego, si bien está justificado en este último caso, quien vive de acuerdo a lo racional, sólo aplicará la fuerza como último recurso ante la imposibilidad de que el estado cumpla con su deber.

Los linchamientos o el crecimiento en el uso de armas de fuego por parte de las víctimas, no se deben a una imposibilidad estatal de resguardar a las personas; se debe a su incapacidad, a su inoperancia y a una subversión del valor de la cultura del mérito a la justificación de la necesidad dentro del imaginario de lo políticamente correcto.

Las reacciones violentas de las víctimas son una consecuencia, no una causa; juzgarlas en forma aislada y descontextualizada sólo indica no comprender el problema. Las personas de bien no andan por la vida deseosas de ver correr sangre; las personas de bien comercian, negocian bienes y virtudes, reniegan de la violencia y sólo recurren a ella en la desesperación y la desesperanza.

El problema de la violencia e inseguridad que vivimos, es la falta de respeto al otro por parte de algunos integrantes de la sociedad y la desprotección por parte del estado de quienes procuran convivir en paz con el prójimo.

Decía Juan Bautista Alberdi: "El Gobierno es una necesidad de civilización, porque es instituido para dar a cada gobernado la seguridad de su vida y de su propiedad. Esta seguridad se llama y es la libertad".

Desde que recuperamos la democracia en 1983, los argentinos aceleramos el camino decadente que iniciamos a principios del siglo XX, desembocando en la tremenda crisis social, cultural y moral actual. Aclaro que soy demócrata y republicano como el que más, pero mi amor a la democracia y a la república no me ciega en el análisis de los males que padecemos.

"Con la democracia se come, se educa, etc." pasó de ser un slogan de campaña de Raúl Ricardo Alfonsín, a transformarse en un credo peligrosamente falso. La verdad es que "EN" democracia se come y se educa, pero eso no implica que la democracia por si sola nos provea de nada, para ello hay que esforzarse, estudiar y trabajar.

La necesidad no da derechos, es solo necesidad y la confusión que se plantea entre el derecho a intentar acceder a algo y el derecho llano al acceso a esa cosa, termina de abonar el terreno sobre el que se desarrolló la actual situación de inseguridad.

Yo tengo derecho a jugar al tenis y a esforzarme muchísimo para llegar a Roland Garros; pero no tengo derecho a jugar la final con Roger Federer sólo porque lo desee. Tampoco existe la igualdad de posibilidades, no tengo las mismas posibilidades de ganar el torneo que él, para que tuviésemos igualdad de oportunidades, deberían vendarle los ojos y atarle las manos a este gran tenista.

Traslademos este ejemplo burdo a otros pseudo-derechos, que aunque puede que sean bien intencionados y suenen maravillosos a nuestros oídos, son falsos. Por ejemplo el derecho a la vivienda digna.

Primero deberíamos definir qué significa vivienda digna, pero fuera de ese tema en sí, lo cierto es que tenemos derecho a trabajar e invertir en una vivienda. Pero si decimos lisa y llanamente tengo derecho a una vivienda, esto implica que alguien debe dármela. Todo derecho genera un deber en otra parte.

Luego la pregunta del millón es ¿de quién es obligación? ¿quién paga? ¿el estado? el estado no tiene un cobre, la plata la ponemos cada uno de nosotros mediante impuestos. Esto nos lleva a otra pregunta ¿es justo que Fulano sea propietario de una casa pagada con los impuestos abonados por Mengano, siendo que Mengano no es dueño de su casa sino que la alquila?

La madre que se coloca delante de las cámaras y dice que el gobierno TIENE que darle una casa porque tiene 7 hijos es la prueba viviente de este desvarío. Primero, nadie le pregunta por qué tiene 7 hijos; nadie le pregunta con qué derecho y con cual responsabilidad engendra seres humanos a los que no podrá darles las mínimas condiciones necesarias para una vida digna. Luego, el tener 7 hijos no le da derecho a que le entreguen graciosamente una casa, no es un mérito ser prolífica.

La situación de esta madre multípara se explica por la falta de educación, pero esta noble entrega de una casa relega al mérito y exalta la necesidad. Se escucha hablar de falta de inclusión, marginalidad o pobreza como justificativo de la baja en la exigencia en las escuelas, como fundamento del asistencialismo y hasta como excusa del comportamiento delictivo.

Cuando se promete una igualdad de hecho (o sea el igualitarismo algo antinatural y hasta injusto), la inevitable imposibilidad de conseguir dicha igualdad, genera envidia y resentimiento ante el inconveniente de acceder a lo que se desea en forma instantánea. Por lo tanto, como tengo derecho a tener lo mismo que tiene mi vecino, simplemente lo tomo y como la necesidad justifica mi accionar más allá del mérito o demérito, no tengo castigo.

Esta realidad comienza en el hogar, donde los padres, al transformarse en amigos de sus hijos y dejarlos huérfanos, renunciaron a su autoridad de padres. Al no existir parámetro de valor en la casa, los hijos confunden libertad con libertinaje. La primera es racional, la segunda sigue caprichos; la primera conoce su límite en el prójimo, la segunda es ciega y atropella todo a su paso.

Ahora bien, en este contexto de despotismo demagógico, sin límites en el hogar, ni en la sociedad; sin educación en las escuelas, sin principios, con una carga impositiva que evapora del bolsillo más de la mitad del sueldo y de las ganancias de cada argentino, (dinero que se retira del circuito productivo y por lo tanto disminuye los puestos de trabajo y adelgaza más los bolsillos), con el reemplazo del trabajo por dádivas, con promesas incumplibles de igualdad de hecho, con el aumento del consumo de drogas (que alucinan al que las consume con esa igualdad) y con instituciones ninguneadas; se ha generado un estado de anomia en el que el hombre se ha transformado en el lobo del hombre; un estado en el que, el que tiene el mazo más grande o el arma en la mano, se impone en las relaciones interpersonales, un estado en donde la ley y la ética han sido reemplazadas por la barbarie.

Había una vez un país, en el que los buenos vivían tranquilos y felices, disfrutando de su trabajo, de sus ganancias y de sus logros. Un país en el que los que andaban derechos por la vida salían a la calle sin miedo, en donde los niños jugaban en la plaza o en la vereda sin temor, en donde los fines de semana, padre e hijo iban a la cancha a ver al equipo de sus amores sin prevenciones.

En ese país no todos eran buenos, habían algunos que no respetaban a los otros; existían quienes intentaban robarle a los que trabajaban y adueñarse de las calles.

Pero en ese país las reglas eran claras y se aplicaban. Los buenos disfrutaban de su libertad y los malos cumplían con su castigo. Esto funcionaba porque los hombres correctos, los ciudadanos de a pie, ocupaban los espacios y los cargos de las instituciones, desde el modesto centro vecinal pasando por la legislatura y la justicia hasta llegar a la mismísima presidencia.

Pasaron los años y los buenos dejaron de inmiscuirse en estos asuntos, quizás pensaron que las instituciones podían funcionar bien por sí mismas o quizás imaginaron que aquellos que se autoproclamaban profesionales de la política, debían ser más aptos y por lo tanto debían estar a cargo.

Lo cierto es que lentamente cambiaron las cosas, los niños dejaron de jugar en las calles, las noches comenzaron a ser inseguras, las rejas dejaron de ser un adorno para ser un resguardo, se sumaron alarmas, guardias de seguridad y botones antipánico; incluso las canchas de fútbol se transformaron en un campo de batalla.

Así fuimos cambiando hasta llegar a lo que vivimos en estos tiempos. En donde el que trabaja no puede sentirse orgulloso y disfrutar de sus logros y de sus adquisiciones, en donde el que triunfa debe cuidarse de mostrar sus propiedades, debe justificarse y casi pedir disculpas por tener dinero, como si eso fuese un pecado.

Un país en donde el que produce debe pagar cada vez más y más impuestos para ser solidario con los que menos tienen, no importa si estos trabajan o procuran trabajar, incluso debe pedir perdón porque seguramente su egoísmo y falta de consideración les quitó oportunidades a aquellos que viven de la dádiva o del robo o de ambas cosas.

Prohibimos a los hinchas visitantes ir a la cancha porque ganaron los violentos, los niños no pueden ir caminando a la escuela porque ganaron los violentos, nos encerramos en nuestras casas porque ganaron los violentos, sólo unos pocos taxis circulan a la noche porque ganaron los violentos, pagamos a los cuida coches por miedo a los violentos, callamos por miedo a los violentos.

¿Deberemos poner toque de queda para evitar los robos a la noche? ¿Prohibiremos las minifaldas para disuadir a los violadores? ¿Cerraremos los boliches para evitar el negocio de la droga? ¿Seguiremos retrocediendo, empujado por los inadaptados?

Decía Ayn Rand que "los depravados roban la virtud de los honestos por medio de la palabra nosotros, esa palabra es como un cemento que cuando se vuelca, lo blanco y lo negro se confunde en un indefinido gris". Como profetizaba Cambalache, "en el mismo lodo todos manoseados".

Ojo, esto no quiere decir que debemos pensar sólo en nosotros y pisotear al otro, esto significa que no debemos dejar que los demás abusen de nuestra buena fe y generosidad.

Esfuerzo, logros, distinciones, orgullo, mérito; son palabras y conceptos que han perdido significado y con ellos también dejaron de tener sentido sus contracaras, desidia, falta de metas, delito, mediocridad, demérito.

Contrapunto meridiano que reza el credo del ya nombrado Cambalache.

El problema es muy complejo, mucho más que el simplista análisis del número de policías en la calle o de jueces en los tribunales. Es un problema de corte ideológico, conceptual y filosófico.

En la actualidad, la necesidad justifica toda acción, sin importar si esta es correcta o no; los demagogos han equiparado la necesidad al derecho, con la consiguiente obligación del resto de los ciudadanos a satisfacerlo. "Hemos reemplazado la cultura del mérito por la justificación de la necesidad".

"Aumentaron el sueldo a los presos: ahora ganan 46% más que un jubilado" rezaba el titular de un reconocido periódico a mediados del 2015. Esta aberración (no creo exista otro adjetivo más apropiado) nos muestra que vale lo mismo (o quizás menos) el mérito de un jubilado, que trabajo toda la vida; que el demérito de un preso.

No existe el concepto de "el que las hace las paga", regla esencial de convivencia. El hijo que no obedece a los padres lo mismo tiene un Smartphone nuevo, el alumno que no estudia lo mismo aprueba, los corruptos siguen estafando sin problema, los delincuentes no van presos y si van, no se les hace entender por qué están tras las rejas, no se les enseña qué deben corregir y cómo deben hacerlo para volver a la vida en sociedad.

Sin dudas las cárceles no deben ser lugares de tortura ni trabajos forzados, pero tampoco pueden ser un espacio conceptualmente similar al de los colegios de pupilos o al liceo militar. Todos estos lugares tienen en común que los internos no pueden salir del establecimiento, pero difieren en el por qué ingresaron a los mismos.

Las cárceles tienen tres razones de ser; disuadir al que va a delinquir al saber lo que le espera (o al menos debería ser así), penar a quien delinque y retirar de la vida en sociedad a quien agrede a las personas y sus bienes, hasta que esté en condiciones de reintegrarse a la misma.

Para cumplir con el cometido de reinsertar al reo a la vida civil plena, es necesario modificar el perfil del individuo que delinque y esto no se logra haciendo que trabaje en manualidades como por ejemplo la confección de bolsitas de papel.

Quien delinque debe saber e internalizar el concepto de que deberá trabajar muy duro y respetar al prójimo cuando salga del presidio. Es imprescindible que comprenda que las cosas no son fáciles en la calle y no me refiero a las condiciones de vida (que posiblemente le hayan sido muy desfavorables desde siempre) sino a la actitud que deberá tomar. Por más que las cosas no le salgan bien, deberá respetar al prójimo, ese será su real desafío.

Si para intentar enderezar su comportamiento, nos limitamos a enseñarle alguna profesión o tecnicatura, estaremos en problemas.

Si no internaliza el concepto de esfuerzo y más esfuerzo, de nada servirá la adquisición de alguna habilidad.

Los que vivimos sin delinquir debemos trabajar para pagar nuestro techo, nuestra comida, nuestro confort y nuestros entretenimientos; entonces, ¿Por qué no habrían de hacerlo quienes están purgando una condena?

Lamentablemente la Corte Suprema de Justicia considera que el reo no debe pagar por su manutención mientras este recluido, ya que lo considera un deber del estado; por lo que debemos descartar este concepto. Lo paradójico de esta situación es que el estado somos todos; por lo tanto, toda la sociedad le paga los gastos al preso, ¡incluso la propia víctima!

Ante esta posición de la justicia, creo que los trabajos en prisión no sólo deben ser remunerados, sino también deberían ser obligatorios. La pregunta que debemos plantearnos sería ¿Qué destino debe tener ese salario?

La ley dice que el 10% de la remuneración que obtiene debe entregárselo a la víctima (quizás a un hijo que quedó huérfano por su culpa), creo que esto no transmite el concepto de responsabilidad. No puede costarle un porcentaje similar, la reparación a la víctima de su delito, que la financiación de un viaje de vacaciones (no es que se vaya de vacaciones, es el concepto).

Si queremos que el recluso se reintegre como una persona proba, es imprescindible que grabe a fuego en su conciencia, la idea del cumplimiento de las obligaciones y de la asunción de las consecuencias de los actos que realizamos.

Siguiendo la línea de pensamiento que expongo, con el resto de su remuneración, los convictos podrían comprar aquellas cosas que no son imprescindibles para vivir, como postres para la comida, facturas para la merienda, tener la posibilidad de ver televisión o algunas otras cosas de esta estirpe. O bien, podrían enviar el dinero a su familia o quizás guardar una parte del mismo para cuando terminen su condena.

Tendrían que decidir en qué gastar el dinero, en confort o en su familia y en su futuro. El concepto del esfuerzo, el tener que fijar prioridades, el entender que "ningún almuerzo es gratis" es tanto o más importante que el aprendizaje de un oficio. Esto no se enseña con clases magistrales, ni con sermones religiosos; se internaliza haciéndolo, vivenciándolo y reestructurando la escala de valores.

En su libro "La ley", Frédéric Bastiat nos dice: "...Ahora bien, siendo que el trabajo es en sí sufrimiento y ya que el hombre se inclina a huir del sufrimiento, el resultado es -y ahí está la historia para probarlo- que prevalece la expoliación (robo) siempre que sea menos onerosa que el trabajo; prevalece, sin que puedan impedirlo en ese caso ni la religión ni la moral. ¿Cuándo se detiene pues la expoliación? Cuando se hace más onerosa, más peligrosa que el trabajo. Evidente es que la ley debiera tener por finalidad oponer el obstáculo poderoso de la fuerza colectiva a aquella tendencia funesta; que debiera tomar partido por la propiedad y contra la expoliación..."

Si bien Bastiat se refiere al pago excesivo de impuestos, el concepto es perfectamente aplicable a los delitos comunes. Mientras sea más "barato" o "cueste menos" robar que trabajar, muchos elegirán lo primero.

Así como los presos deben cambiar, también debemos hacerlo nosotros y los políticos. Debemos abandonar las ideas postmodernistas del relativismo moral. Esto nos lleva a vivir en un estado de subversión ética, un estado en donde se han subvertido los valores y las premisas que a principio del siglo XX llevaron a nuestro país a ser modelo de lucha contra el analfabetismo, a ser una tierra de oportunidades para todos los hombres de buena voluntad.

La falta de discriminación (si, discriminación) entre lo bueno y lo malo, lo excelente y lo mediocre; no sólo se patentiza en un preso ganando más que un jubilado o en un delincuente menor de edad que sale de la comisaría antes que el damnificado; se revela también en un alumno que pasa de grado sin importar si estudia o no, en un juez que asume el cargo por cuestiones ideológicas, en el reparto de empleo público por filiación política y no por capacidad.

Por eso, las normas, como la que define la remuneración de los presos, puede que sean legales, pero distan mucho de ser legítimas, distan mucho de ser justas. Justicia es dar a cada cual lo que le corresponde, parece que para muchos políticos y pensadores, le corresponden más beneficios a los presos que a los jubilados.

Como personas de principios nos enfrentamos a esta tremenda disyuntiva expresada por el ya mencionado Frédéric Bastiat: "Cuando la ley y la moral se contradicen una a otra, el ciudadano confronta la cruel alternativa de perder su sentido moral o perder su respeto por la ley".

Durante gran parte de la historia mundial se consideró que el poder de los reyes era otorgado por Dios (teoría teocrática), pero luego de la Ilustración (con Locke, Montesquieu y Rousseau entre otros), de la declaración de los derechos del hombre de 1789, de la revolución francesa y de la independencia norteamericana, ese concepto cambió y se considera desde entonces que es el pueblo el que delega el poder al gobierno. La autoridad ciudadana en una república esta delegada en la ley; la autoridad ciudadana en la Argentina la ejerce el caudillo de turno.

A lo largo de nuestra historia hemos menospreciado el valor de las reglas, solo seguimos los dictámenes del mandamás del momento. Así es que, desde que nos declaramos independientes en 1816, nos llevó más de 30 años dictar una constitución (promulgada en 1853); y tras una etapa de legalidad de casi 80 años desde su creación, en 1930 volvimos a pisotearla y subrogarla, imbuidos por el personalismo casi místico que nos emborracha desde nuestros orígenes hasta la actualidad.

El mayor beneficio de delegar la autoridad soberana en la ley, es que esta es igual para todos, es la misma con el paso del tiempo y no está supeditada a los humores y deseos de nadie. Por ello se dice que la justicia es ciega, porque no hace diferencias previas en su aplicación.

Cuando se delega el mando a las personas y su discrecionalidad, se ingresa en una zona de riesgo, en donde la subjetividad y la discriminación mal fundamentada generan desigualdades entre los hombres. Quien goza de esta supremacía, en el mejor de los casos, se siente con el poder, el derecho y la obligación de buscar alcanzar una bien intencionada pero ilusoria igualdad de hecho, la cual está reñida con la igualdad de derecho que debe imperar.

Así, en sus ansias por corregir lo incorregible, quien detenta esta prerrogativa se transforma en un autoritario, en un abusador que se olvida que la autoridad que ostenta no es propia, sino delegada por quienes lo eligieron y que se le entregó esta facultad para defender los derechos de los ciudadanos y no para avasallarlos.

Este autoritarismo, que está disfrazado de benévolo y que se autoproclama como "justicia social", es aceptado por el pueblo sin entender que en realidad se les quita el derecho de ser "ciudadanos" y de recibir un trato imparcial.

Por otra parte, la aplicación de la fría letra de la ley parece ser algo menos "humanitario"; y como los dictámenes legales son expuestos como desalmados y son "impopulares", generalmente deben ser impuestos. A esa imposición la mal llamamos autoritarismo.

Se confunde la firmeza y la tenacidad en defender el orden social con autoritarismo, si un padre reprende a su hijo es un violento, si un maestro sanciona a un alumno es un retrógrado insensible, si un policía emplea la fuerza contra quien delinque es un represor.

Es tal la confusión que reina, que incluso desvirtuamos el significado de las palabras, tal es el caso del vocablo reprimir.

El ejercicio de la violencia que implica este término no tiene un significado negativo tácito; la represión debe ser el último acto que ejerzamos en la defensa de los derechos del individuo, pero no por ello es una medida infame, es tan válida como el diálogo o la prevención. En realidad quien viola la ley, delinquiendo o cortando una calle, está reprimiendo a los ciudadanos que acatan las normas y esta es la represión que debemos condenar.

Si consideramos a las instituciones sólo como cada una de las partes de la organización de gobierno, o como los edificios que conforman su patrimonio, estaremos obviando el profundo alcance que conlleva este vocablo.

Las instituciones son además los símbolos de nuestra forma de ver la vida en sociedad, cada una de ellas se expresa por medio de ritos y gestos que le son propios, que deben ser expresados con solemnidad para así mantener su valor figurativo y alegórico.

Para poder ilustrar con mayor claridad esta idea repasemos que acontece con las instituciones más antiguas y perdurables de la humanidad, las religiones y dentro de ellas la que nos es más familiar, la Iglesia Católica. Dentro de su liturgia encontramos ritos de iniciación, de conformación de sociedades, ceremonias regulares y otras especiales que conmemoran hechos destacados, atuendos propios de cada jerarquía, maneras específicas de realizar determinados actos y un código escrito de convivencia axiomático entre otros preceptos. La ascendencia de estas representaciones deja en evidencia que los intérpretes no son el fundamento de esta organización, son solo elementos circunstanciales; lo esencial es lo institucional y esto se mantiene impoluto por el respeto de sus externalizaciones, o sea de sus simbolismos.

En nuestro país, la primer institución que hemos despedazado es la familia. Ya hemos hablado de ello en el capítulo correspondiente, sólo voy a mencionar que en ella se ha roto la cadena de mandos, el puesto de patriarca (o matriarca) ha quedado vacante y lo peor es que se ha puesto en tela de juicio la necesidad de su existencia.

Los padres renunciaron a su posición jerárquica, intimidados por el peso de las responsabilidades inherentes al cargo, se declararon incompetentes e incapaces. Desertaron de su cometido, camuflados con el disfraz de una teórica mayor democratización de las relaciones familiares.

En las escuelas pasa otro tanto, el docente ha dejado de estar en un pedestal, sus decisiones son discutidas por los padres y por los propios alumnos; la palabra del maestro, otrora casi santa, es descalificada y menoscabada continuamente y su autoridad desconocida y desafiada por todos.

Así como hemos corroído la familia y la escuela, de igual modo también hemos estropeado las instituciones patrias. El suponer que un presidente está "más cerca del pueblo" porque es chabacano o porque se pone a jugar con el bastón de mando o el desafiar los dictámenes del poder judicial o el no promover que se hagan efectivas sus sentencias, o la falta de apoyo político a las fuerzas policiales o militares para que puedan hacer cumplir las reglas de convivencia o la sumisión del parlamento a los designios de quien detenta la banda presidencial son algunos de los ejemplos que ponen en evidencia el camino decadente que hemos tomado.

Las fechas patrias han sido desde siempre un día de feriado laboral, pero estas jornadas en la que no trabajábamos, estaban destinadas a la conmemoración de algún hecho sobresaliente que nos identifica como nación; no tenían como fin el desarrollo del turismo o darles un descanso a los empleados. Los alumnos marchaban en los desfiles a la par de los soldados, reverenciaban a la bandera y entonaban nuestras canciones patrias a viva voz. Ese día se usaba escarapela y no era todo ocio, ese día se destinaba a enaltecer nuestra Argentina.

Todos estos cambios que describo van minando nuestra identidad de argentinos. Confundimos el sentido del progreso creyendo que sólo se alcanza el mismo si hay una subversión de las pautas establecidas, pero en realidad se progresa cuando uno depura y mejora las realidades consolidadas. No es bueno ser conservador, tampoco lo es ser revolucionario, estas posturas extremistas solo generan anquilosamiento y violencia respectivamente; lo más sano y beneficioso es ser un férreo defensor de la evolución.

Por último, meditemos sobre la institución esencial de la vida en sociedad, la ley. La sumisión a reglas que se encuentran por sobre todos los hombres y que regulan su convivencia es el camino hacia la libertad; es la forma de prevenir el despotismo, la prebenda y las injusticias. Pero a este manto protector también lo hemos vapuleado, nos regodeamos y vanagloriamos al transgredirla o al soslayarla con argucias, sin ver que las mieles de este exitismo efímero terminan siendo un calvario que se recorre el resto de la vida.

Por desgracia observamos que los principales infractores son el estado y los gobernantes; así quienes deberían ser modelos intachables de legalidad son en cambio el paradigma de la corrupción. Ante este espejo, el resto de la sociedad se siente autorizada a desconocer las normas, se tiene por cierto que la única forma de conseguir algo es "por izquierda", al decir de Cambalache "...el que no afana es un gil", o como aconseja el Martín Fierro "hacete amigo del juez..."

Elecciones, cuarto oscuro, partidos políticos y políticos

Las elecciones son el momento más importante de la vida cívica de un país. Es el instante en el que se definen las políticas y los intérpretes que conducirán los destinos de una nación. Y hemos transformado ese momento casi sagrado en una romería.

Las condiciones necesarias, para una selección a conciencia de nuestros gobernantes en el momento de sufragar, son la racionalidad y la libertad. Ambas cualidades no se ejercen en nuestra sociedad, más bien han sido reemplazadas por el estómago y el exitismo. Esta sustitución de los parámetros sobre los que definimos nuestra selección, el pasar de principios superiores a otros rústicos, nos hace descender al estado animal, infrahumano. Y vuelta otra vez a este tema.

Me declaro culpable del delito de reincidencia, de ser cargoso y monotemático; pero todos los análisis me llevan al mismo punto, a la cultura de la incultura.

La democracia y sobre todo su expresión más conocida, el voto, se ha transformado en un negocio. Ha pasado a ser un hecho comercial en el que se combina la venta de voluntades con el merchandising triunfalista de tener el distintivo del vencedor, sin importar los contenidos de su propuesta.

Este retroceso en espiral, esta caída que parece no tener fin si lo tiene, termina en el "0", en la nada, en un estado similar al de la sociedad previa a la revolución francesa y la declaración de los derechos del ciudadano.

Al respecto, nuestra ceguera es la del peor tipo, es la ceguera del que no quiere ver, del que busca pretextos para justificarse, del que fabula con enemigos imaginarios e incrimina a terceros como conspiradores y responsables de nuestro fracaso, sin asumir nuestra cuota parte de culpa.

Responsabilizamos a los gobernantes por su inoperancia y los acusamos de corruptos, sin vislumbrar que son el fruto de nuestra comunidad; el peral da peras nunca dará manzanas.

Quienes nos comandan son la expresión superlativa de nuestra sociedad, por ello no son puros ni inmaculados. La actitud y la estrategia que utilizan para relacionarse con el pueblo y mantenerlo aletargado no es nueva, fue utilizada en forma reiterada a lo largo de la historia y fue inmortalizada por el poeta Juvenal, quien describió en el siglo I el accionar de los emperadores romanos con la célebre frase: "al pueblo pan y circo" y es eso precisamente lo que estamos recibiendo.

Ahora bien, hay características que son indispensables para que esta degradación que padecemos sea posible; por un lado que el gobernante tenga un poder paternalista, casi omnímodo sobre la población, impropio de una democracia; y por el otro que la ciudadanía ceda sus derechos, que venda su libertad al mejor postor.

Son tan culpables quienes compran voluntades como quienes la venden. Si la población no despreciara y desdeñara su libertad y la posibilidad de decidir su futuro a favor de una posición pasiva, expectante, de mantenido; no habría, de parte de los dirigentes, oferta suficiente para seducirla.

Decía Mariano Moreno: "prefiero una libertad peligrosa a una servidumbre tranquila" (parafraseando un adagio latino que se le atribuye a un virtuoso Palatino de la Dieta de Polonia: malo periculosam libertatem quam quietum servitium, y que fue utilizado previamente por Rousseau y por Jefferson). Este pensamiento de uno de los ideólogos y promotores más importantes de la revolución de Mayo de 1810 es precisamente la antípoda del pensamiento argentino, es la antítesis de la meta que anhela el común denominador de nuestra comunidad.

Este tráfico de votos e intereses que existe desde siempre en nuestro país, se ha acentuado en los últimos años. Hasta hace unas décadas, la clase media argentina, que era muy numerosa, no entraba en este juego y votaba siguiendo principios, consignas, propuestas o, al menos, al político que, a su leal saber y entender, le transmitía una imagen de decencia y que consideraba la mejor opción de gobierno. Hoy, gran parte de este estrato social ha sucumbido a la tentación de ceder su soberanía personal a favor de una seductora y modesta seguridad laboral y de esporádicas alegrías circenses.

Por otra parte, somos eminentemente personalistas y este modo de ver la política es bastante impropia de una república, mucho más cercana a una monarquía. Podríamos especular que esto es un resabio de nuestra época de virreinato.

Ya desde antes de ser electo para algún cargo, la imagen del caudillo es tan fuerte que se confunde con algún ideario. Peronista, Alfonsinista, Menemista, Kirchnerista, Macrista entre otras, son posiciones que adopta la población tras una figura carismática. Los habitantes de nuestro país son devotos del mítico dios de turno, ese dios de nuestra politiquería barata e instantánea que es en realidad un pagano en el mundo de la alta política.

Rodeando a estas deidades están los sacerdotes de este credo, un puñado de acomodaticios genuflexos que lucran con la explotación del ritual que rodea al político. Además encontramos una caterva de mártires, confiados y fieles corderos que se entregan al holocausto y se inmolan tras vacías promesas de un utópico edén falaz. Incautos adeptos que esperan una solución casi mesiánica de sus problemas, basada en la improvisación a la que llamamos pragmatismo y elogiamos como "la" condición indispensable para ser gobernante.

Tenemos muy poco claro qué son las ideologías políticas y cómo alcanzar la organización de partidos políticos de acuerdo a lineamientos doctrinarios. Los dos partidos más convocantes de la Argentina son en realidad movimientos políticos que han aunado voluntades tras una reivindicación, pero que se agotan en esa meta.

Puede que el fin que los ha reunido sea loable, pero de ninguna manera alcanza para definir políticas de estado que nos conviertan en un país previsible y digno de confianza.

Por eso vemos que tanto en el radicalismo como en el peronismo conviven personas de diversas ideologías, incluso antagónicas. Esta caótica realidad transforma en una misión imposible alcanzar una coherencia programática dentro de sus filas. Para colmo, reina tal confusión de conceptos, que creemos que esto está muy bien, que es muy sano y democrático; esta situación, llena de ambigüedades y que presenta como única certeza la absoluta ausencia de certeza alguna, sólo conduce a la anarquía, la improvisación y al caos.

Al momento de emitir el voto, no nos importa quienes acompañan al que encabeza una lista; dentro del tropel de parásitos que ingresan colgados del nombre del personaje que emperifolla la papeleta, abundan los sumisos siervos, aduladores que sólo saben decir si y obedecer ciegamente al cabecilla. Lo mismo sucede con los cargos del poder ejecutivo, ¿alguien recuerda a los vicepresidentes, o a los vicegobernadores?, por supuesto que no. No nos interesa quién rodea a quien detenta el poder, los ministros no son verdaderos asesores ni conforman un equipo de trabajo homogéneo, son simples lacayos oportunistas.

En lo que concierne a los fundamentos en los que se basa el argentino para elegir a un candidato en el cuarto oscuro, vemos que por lo general son impropios o al menos insuficientes. El primer descarte que realiza es el de desechar a aquellos políticos que no tienen posibilidades de ganar, como si estuviese jugando a la ruleta en el casino; incluso considera que seleccionar a quien seguro va a perder es "desperdiciar un voto". Para él lo importante es ponerle las fichas al ganador, no el respaldar los ideales propios.

Otra de las premisas por las que se eligen a los candidatos es por "ser honesto". Esta condición moral, que es indispensable y debería ser común a todos los postulantes, en modo alguno debe definir una selección; es como si eligiese a quien que va a practicarme una cirugía sólo por ser una buena persona, sin tener en cuenta si ha estudiado medicina o si es un arquitecto.

Tan antigua como la misma humanidad es la búsqueda del modo de poder dominar a los hombres. Está inserto en los genes de las personas y quizás tenga que ver con el instinto de supervivencia, con la prevalencia del más fuerte, del macho alfa.

Son pocos, diría poquísimos, los gobernantes que tienen una verdadera vocación de servicio. La gran mayoría ingresan a la política por vanidad y con un insaciable hambre de poder.

Esto fue siempre así, se repitió constantemente a lo largo de la historia de la civilización. Tan sólo un episodio cambió, en parte, esta conducta; la revolución francesa.

Por ello, no es de extrañar que nuestros primeros próceres, contemporáneos de dicha revolución, hayan muerto en la pobreza, rechazando los beneficios de sus glorias. Valen como ejemplo los casos de José de San Martín, Miguel Martín de Güemes, Manuel Belgrano o Domingo Faustino Sarmiento.

Lao Tse escribe en su libro Tao Te Chin (el libro del recto camino), V siglos antes de Cristo, que para gobernar hay que:

Vaciar el corazón del hombre,

Llenar su estómago,

Debilitar su ambición,

Y fortalecer sus huesos.

Por favor releamos estas consignas Maquiavélicas de este filósofo oriental y a continuación las analicemos una a una para definir si son aplicadas en la actualidad por quienes detentan el poder.

Han "vaciado nuestros corazones", hemos perdido la capacidad de amar a la patria, de sentir orgullo de nuestros próceres, de sentirnos plenos al obrar correctamente, de ser respetuosos de los otros, de ser responsables, de emocionarnos al escuchar el himno o al ver pasar un desfile en una fecha patria que, como nunca coincide con el día feriado, ya no sabemos que conmemoramos.

Nos emociona más gritar un gol o ver triunfar a nuestro candidato en la competencia de nuestro programa televisivo favorito, vibramos más por esas cosas frívolas que por alguna muestra de excelsitud de los valores familiares, ciudadanos o patrios.

Lo único que importa es "llenar el estómago", atestar nuestros sentidos, cumplir con la meta de abarrotar el changuito, de comprar el último Smartphone o el LED más grande; la cuestión es gastar sin pensar en el futuro, la cuestión es disfrutar sin asumir las consecuencias de nuestras acciones. El gozo instantáneo, el estimular nuestros sentidos hasta desbordarlos, la degradación de las metas a simple logros físicos, materiales, palpables, casi animales; se ha transformado en nuestro norte, en nuestra razón de vivir.

Y siguiendo en esta línea de pensamiento, el no proyectar, el no invertir, el no planificar nuestro futuro, es la expresión de la "falta de ambición". Es necesario entender que el anhelo por progresar es sano e indispensable, siempre y cuando se respeten las reglas de convivencia y honorabilidad. Debemos desear superarnos tanto en lo material como en lo espiritual, en el entendimiento de que el desarrollo se consigue con el esfuerzo y la dedicación.

En cambio, en su lugar, padecemos de una enfermiza codicia, la codicia del jugador empedernido, del que espera que la diosa fortuna lo alcance y maldice, envidia y acusa de corrupto o explotador a quien consigue el éxito con sacrificio, sagacidad y trabajo.

Y conformes con un puestito en el gobierno o en alguna empresa, sólo esperamos que el sindicato nos consiga alguna mejora salarial y con tal que no nos toquen nuestro rinconcito, bajamos la cabeza y aceptamos las decisiones tiránicas de nuestros gobernantes; "fortalecemos nuestros huesos" y les entregamos nuestro bien más preciado, nuestra libertad. Nos convertimos en seres sumisos, sin criterios, sin voluntad, sin individualidad. Bienvenido a la nueva forma de esclavitud, la esclavitud sin cadenas, sin látigos ni torturas; la esclavitud del espíritu.

El objetivo de quienes conducen los destinos del país es simple y terroríficamente efectivo; hay que idiotizar a la población, sacarles la capacidad de decidir.

El dramaturgo William Shakespiare, en su obra Julio César, pone en boca del tirano las siguientes palabras "...Rodéame de hombres gruesos, de poca cabeza y que de noche duerman bien. He allí a Casio, con su figura extenuada y hambrienta. ¡Piensa demasiado! ¡Semejantes hombres son peligrosos!... ...Lee mucho, es un gran observador y penetra admirablemente en los motivos de las acciones humanas. Él no es amigo de espectáculos, como tú, Antonio..."

Para poder decidir hay que pensar y para ello hay que valorar, comparar valores y proyectar las consecuencias de las resoluciones que se toman. Es una función racional, superior, propia de nuestra condición de seres humanos.

En cambio, cuando las personas son embrutecidas actúan por instinto, reaccionando como animales, como seres inferiores. Y el primer instinto, el más básico, es el de supervivencia, el de salvarse uno hoy, mañana se verá. La cultura oriental sitúa las funciones superiores del hombre en la cabeza y las inferiores, propias de los animales, en el abdomen; quizás por eso se dice que quienes no razonan piensan con el estómago.

Lo paradójico de esta situación es que estos entes subhumanos en los que ha sido convertida la población que decidió no pensar, cree que decide y ahí se encuentra la maestría de semejante vil intriga.

Subsidios, una mala costumbre

Año tras año, década tras década, los argentinos se han mal acostumbrado a vivir en un mundo de fantasía, en un mundo en donde todos los deseos parecen convertirse en realidad, por el sólo hecho de desearlo o de considerarlo justo.

Los argentinos hemos estado viviendo durante los últimos 70 años (con breves y excepcionales períodos en los que no) en "La Tierra de Nunca Jamás". Vivimos creyéndole al "Peter Pan" de turno, que nos juraba y repetía una y otra vez, que para volar sólo hacía falta desearlo y tener bellos y abnegados deseos humanitarios.

Y siguiendo a estos místicos de la política, a estos promotores de mundos fantásticos, nos hemos lanzado una y otra vez al vacío, confiados en que podíamos volar y mientras caíamos, soñábamos y sentíamos que verdaderamente estábamos volando, sentíamos que el sueño se había convertido en realidad. Hasta que finalmente nos estrellábamos y nos estrellamos una y otra vez contra el suelo, contra el duro y frío mundo en el que vivimos.

Yo vengo a convertirme en el malo de la película, vengo a convertirme en El Capitán Garfio. Vengo a anunciar que ese sueño era sólo eso, un sueño. Soy la alarma del despertador que avisa que la fantasía terminó y que es hora de despertarse, es hora de levantarse.

Decía la filósofa rusa Ayn Rand: "Se puede evadir la realidad, pero no se pueden evadir las consecuencias de evadir la realidad". Podemos sentirnos Peter Pan o Campanita, podemos hacer de cuenta que la ley de la gravedad no existe, pero eso nunca pasará de ser una mera ilusión. Incluso mientras caemos vertiginosamente podemos seguir negando esta ley, burlándonos y maldiciendo al pobre Isaac Newton; pero tarde o temprano, la dura realidad del piso nos va a recordar las reglas de este, nuestro mundo.

Podemos pensar que la ley de la gravedad es injusta, y que, a lo mejor, si pudiésemos anular esta ley con una ordenanza o con una sentencia judicial, miles de vidas no se perderían en accidentes y suicidios. Este razonamiento es sensible y loable, pero también es ingenuo y absurdo. Esta idea que cualquiera rechazaría por ser un disparate incoherente e infantil, se aplica a todas las leyes naturales y también se aplica a las leyes de la economía.

Es imposible vivir gastando más de lo que se gana sin pagar las consecuencias, es imposible vender por debajo de los costos sin pagar las consecuencias.

Estas cosas tan obvias que cualquiera de nosotros las sabe; estas reglas, que si no cumplimos en nuestra vida particular nos llevan indefectiblemente a la ruina y al endeudamiento; pareciera que mágicamente dejaran de ser tan claras cuando hablamos del estado. Como si la cosa pública estuviese por encima de las leyes naturales o de las leyes económicas, como si el estado tuviese el poder de transformar nuestra patria en la Tierra de Nunca Jamás.

Lamento informar que el estado no es marciano y que se subordina a las mismas leyes que todos los terrícolas. Si el estado gasta más de lo que gana o cobra los servicios por debajo del costo, se convierte en algo inviable. Pero a diferencia de nosotros los privados, el estado no se funde. ¡Nos fundimos todos y cada uno de los argentinos!

Es muy común escuchar que se le pida al estado que mantenga los subsidios pero que a su vez cobre menos impuestos, que no genere inflación y que no tome crédito. Esto es una contradicción absoluta, que paradójicamente la mayoría parece no querer ver. ¡Esto es tan incompatible como decir "quiero comerme la torta y quiero tener la torta a la vez"!

El subsidio no depende de la buena voluntad del gobernante, el subsidio lo pagás vos y todos los argentinos vía impuestos, vía inflación o vía emisión de deuda (la que pagarás más adelante, a la larga siempre pagás). Es así de claro y sencillo, no es ni lindo ni feo, ni bueno ni malo, no es tener sensibilidad social ni ser un desalmado; es la realidad, es tan real y contundente como la ley de la gravedad.

En el año 2016 se movilizaron los políticos y parte de la justicia pidiendo que la suba del precio de los servicios no fuese tan brusca, cuando lo cierto es que no se estaba subiendo el precio de los mismos, sólo se les estaba quitando los descuentos (subsidios) que se hacían. Es como cuando vemos en una vidriera el precio de lista y el descuento por precio contado, el precio que vale, el precio real, es el primero.

Lo cierto es que nada, absolutamente nada en la vida es gratis, siempre hay un costo, siempre alguien paga. La diferencia entre privado y público es que el descuento que hace un privado lo absorbe el mismo privado, mientras que el subsidio que graciosamente entrega el gobierno lo paga toda la población y esto es tremendamente injusto.

¿Alguien puede creer que sea justo, que un campesino que cuida cabras en medio de las sierras, que no tiene luz eléctrica, ni gas natural, ni un hospital o una escuela cerca, que transita caminos que ni los aventureros se atreven a recorrer, deba pagar el subsidio al gas o a la electricidad de alguien que vive en una ciudad o que tiene una empresa?

Pues eso es exactamente lo que sucede. Los periodistas y políticos defensores de los subsidios políticamente correctos, nos muestran una y otra vez al pobre que vive en una villa, a la madre de 8 hijos que vive en una piecita alquilada y que no tiene qué darle de comer a su prole (nadie se plantea por qué tiene 8 hijos, eso es políticamente incorrecto).

Nos muestran cómo es necesario que el estado salga al rescate de estos postergados, que son los que cortan las calles, los que hay que meter bajo la alfombra o mejor aún, usarlos para mostrar lo bueno y sensible que es el funcionario de turno. Funcionario que es muy generoso con el dinero ajeno, con el dinero de los argentinos que hacen patria poblando los lugares más recónditos de nuestro país.

Por otra parte, tampoco está bien que los empresarios tengan que pagar costos imposibles, pero la baja de esos costos no se resuelve con subsidios, se remedia disminuyendo los impuestos y principalmente los impuestos al trabajo y a la producción.

Esos impuestos que paga el empresario, los "carga" en el precio de los productos, por lo que finalmente, son los consumidores quienes pagan esos gravámenes, en definitiva los pagamos todos y cada uno de nosotros.

¿Se entiende que cada uno de nosotros destina todos los días, la mitad de lo que gana en su trabajo para pagar impuestos? ¿Impuestos que son más dignos de un usurero mafioso que de un estado democrático y republicano?

Estoy seguro que muchas personas no terminan de dimensionar lo que digo. Imaginemos que uno llega a su casa a las 9 de la noche, cansadísimo después de un día interminable de trabajo. Uno viene feliz, pues ha ganado 1.000 pesos en esa jornada. Pero en el preciso momento en el que nuestra pareja abre la puerta para recibirnos junto a nuestros hijos y sacamos orgullosos el dinero para entregárselo, aparece el señor estado y graciosamente nos saca 500 pesos de la mano, nos da una palmadita en la espalda y casi como si nos hiciese un favor, deja que le entreguemos a nuestra pareja los 500 pesos que nos restan.

De este modo el estado se convierte en nuestro "socio", un socio que no produce nada, que no comparte las pérdidas que tenemos, pero que se lleva la mitad de nuestras ganancias.

Ahora repasemos todo lo que hacemos con los 500 pesos que nos quedan en el bolsillo. Pagamos el alquiler de una casa, le damos de comer a nuestra familia, los vestimos, les compramos medicamentos, compramos las cosas del colegio, abonamos los servicios, costeamos el transporte y muchas cosas más. Ahora pensemos en lo que debería hacer el estado con el dinero que nos retuvo, ¿seguridad?, ¿justicia?, ¿educación?, ¿salud?; estás son las únicas cosas que debería hacer bien sí o sí y en realidad son un desastre.

Juguemos un poco con nuestra imaginación. No fantaseemos con la idea de que el estado no nos retuviese nada de impuestos porque sería tan ilusorio como La Tierra de Nunca Jamás que comentamos antes.

Supongamos que el señor estado sólo nos sacara 250 pesos en lugar de los 500 que actualmente extirpa de nuestro bolsillo. Tendríamos 750 pesos en lugar de 500, tendríamos 250 pesos más para gastar. Con ese dinero podríamos cambiar el auto o construir nuestra casa o invertir en la educación de nuestros hijos o salir de paseo o ir a comer afuera más seguido o por qué no, apostar a un pequeño emprendimiento comercial...

De lo que estoy seguro (y apuesto a que vos también), haríamos mucho mejor uso de ese dinero que el estado. Y lo interesante del asunto, es que tus nuevos gastos producirían mejoras en todos aquellos conciudadanos que te brindan sus servicios o productos. Incluso, si tuvieses una PYME, bajarían tus costos, podrías vender más barato, serías más competitivo e incluso podrías comenzar a exportar; crecerías como empresario, necesitarías más materia prima y más empleados. La rueda de la economía se movería mejor sin la necesidad de un iluminado de turno que cree saber mejor que vos qué es lo que te conviene.

Todo esto es lo que no nos muestran cuando se habla de subsidios, sólo nos exponen el efecto inmediato de las buenas intenciones, pero no nos enseñan todo lo que se pierde, un todo que es mucho más beneficioso que la limosna inmediata que reparten.

Juan Bautista Alberdi describió los efectos de estas generosas medidas políticamente correctas hace más de un siglo: "El amor a la patria de nuestros demagogos, es como el de esos seductores que hacen madres a las niñas honestas, sincero como sensación, pero desastroso para el objeto amado".

La democracia es la forma de gobierno que tiene como característica distintiva el respeto por las minorías. Suponer que ella es exclusivamente el gobierno de la mayoría, no sólo es una visión miope y obtusa, sino sobre todo peligrosa. El considerarla tan poca cosa la conduce a alguna de sus manifestaciones perversas. Como todo acto humano, la democracia tiene sus formas corruptas de expresión, estas presentaciones viciosas son: la plutocracia (gobierno de los que detentan el poder económico), la partidocracia (gobierno de los partidos políticos) y la oclocracia (gobierno de las masas).

La oclocracia es el gobierno de la muchedumbre. Se entiende por muchedumbre a ese indefinible conglomerado de carne en el que nadie es responsable, que vota con el estómago o con los sentidos; y como el voto es secreto y se diluye entre todos los votantes, las consecuencias de sus elecciones son siempre responsabilidad de los "otros", que votaron a quien ganó la elección y nadie se explica "cómo alguien pudo votarlo".

La ciudadanía no gobierna directamente, sino que elige a sus representantes. ¿A quién se elige en nuestro país?, al que promete más, al que ofrece regalar más cosas, al que nos asegura que no es necesario el esfuerzo, a quien nos ofrezca un puestito o algún plan con el que vamos a vivir de arriba; todo esto sin importar lo que eso significa y las consecuencias que conlleva.

No se vota a conciencia, el sufragio en Argentina no se basa en el entendimiento de que elegimos a administradores de las relaciones interpersonales, no se comprende que no se debe esperar de ellos dádivas, sino reglas claras y justas de convivencia.

Esta burda mentira de la oclocracia, dulce a los oídos y pobre expresión de un anhelo de pequeño burgués más que de una realidad; tiene dos aspectos distintos para analizar. La desvalorización del esfuerzo y el desastre económico resultante.

El primero, la desvalorización del esfuerzo y del mérito, es el más grave. Se ha impuesto la ilusión de que "la necesidad da derecho", de que si necesito una casa, un trabajo, un subsidio, un plan social, un colchón o cualquier otra forma de limosna el estado o alguien "debe" dármela.

Un ejemplo diario lo tenemos en cada esquina de nuestras ciudades en las que, al ser detenidos por la luz roja de un semáforo, un ejército de limpiavidrios, malabaristas, vendedores ambulantes y repartidores de estampitas nos rodean, avanzando sobre nuestra libertad, sobre nuestras elecciones y sobre nuestra propiedad; nos invaden no con el pedido, sino con la exigencia de que les demos algo por lo que ellos ofrecen, aunque no nos interese en lo más mínimo recibir sus mercancías o servicios.

Estas personas consiguen que paguemos ese peaje o derecho a libre circulación, a través de la activación de dos resortes presentes en nuestro ánimo; el primero en accionarse es el miedo. Tras el pedido que recibimos de una persona volcada sobre el parabrisas o casi ingresando por la ventanilla a nuestro vehículo, descubrimos, o presumimos, o imaginamos, una velada amenaza contra nuestra propiedad o nuestra integridad física.

El siguiente resorte es tanto o más poderoso y peligroso, es la solidaridad. Detrás de esta palabra, que invoca un espíritu generoso, filantrópico y de amor al prójimo, se esconden las mayores perversiones del alma. Invocando el amor al otro se he robado, se ha quitado la libertad, se ha torturado, se ha matado. Para que alguien sea solidario debe, primero, desear serlo por libre elección; no se puede ser solidario por imposición, luego se debe creer que el accionar de uno derivará en un bien para un tercero y por último, la determinación de realizar ese acto de caridad debe ser de corazón, no debe basarse en el temor al castigo social. La solidaridad que se practica en general todos los días es en realidad temor e hipocresía, es una solidaridad a los palos.

El segundo aspecto, el económico, es también muy importante; pues este bienestar inmediato que produce la entrega de una limosna, termina volviéndose en contra de quien la recibe, como si fuese un boomerang. El desmesurado número de sanguijuelas que viven del estado o que piden que se les de algo, no se preguntan de dónde salen los recursos; el dinero, no se cosecha ni se recoge del piso después de que han llovido billetes, alguien paga, siempre alguien paga. Como dice un refrán ingles que adaptó el economista Schumpeter: "ningún almuerzo es gratis"; y quien termina pagando, y con creces, es la misma ciudadanía.

La oclocracia encierra una forma subrepticia de tiranía, los auto-consagrados representantes del pueblo y auto-proclamados líderes políticos, son quienes toman decisiones que destruyen el derecho individual en nombre del bien común.

Aquellas personas que no han tenido la posibilidad de educarse y que se encuentran en una situación de miseria que linda con un estado casi animal, son seducidas por estos embusteros, vendedores de ilusiones, de espejismos y de utopías que se presentan como justas e idílicas, pero que son irreales. Hace casi 150 años sentenciaba Juan Bautista Alberdi: "Elegir es discernir y deliberar. La ignorancia no discierne, busca un tribuno y toma un tirano. La miseria no delibera, se vende".

La batalla política, la batalla cultural y la batalla moral

Desde hace tiempo, soy uno de los que fervientemente creen y pregonan, que es prioritario dar una batalla cultural antes que una batalla política. Pero también es cierto que previo a la batalla cultural es necesario enfrentar la batalla moral.

Los políticos compran votos y para comprarlos ofrecen la mercadería que los votantes quieren comprar. Si los ciudadanos prefieren vivir sin esforzarse, les ofrecen planes sociales y puestos públicos; si los ciudadanos quieren comprar las cosas baratas, les ofrecen tarifas subsidiadas y precios cuidados; si los ciudadanos quieren calmar algún sentimiento de culpa, les ofrecen medidas políticamente correctas.

La política sólo se corregirá cuando deje de ser un comercio ejercido por los autoproclamados dueños del "negocio" y sea un espacio ocupado por aquellos ciudadanos que cumplan con su deber cívico.

Domingo Faustino Sarmiento repetía que "cuando los hombres honrados se van a su casa, los pillos entran en la de gobierno".

Esto no quiere decir que los que entren a la política deban inmolarse y sacrificarse por el bien común. Quiere decir que deben inmiscuirse en el estado para que el estado se inmiscuya lo menos posible en la vida de la gente, para que la política no sea un negociado. Para que la política promueva de verdad y procure en forma efectiva, la defensa de la vida, de la libertad y de la propiedad de todos y cada uno de nosotros.

Por supuesto que quien trabaja en la política debe ganar dinero y debe ganar bien, pero también es cierto que debe ser intelectualmente capaz y moralmente correcto. Quien ingresa a la política debe buscar el crecimiento del país como el camino decente para el progreso personal y familiar, y no el progreso personal y familiar a expensas del país.

Este cambio de actitud, este entendimiento del deber cívico, no como un sacrificio, sino como el camino necesario para mejorar las condiciones políticas de nuestra tierra y así poder procurar, en libertad, el bienestar propio y de los conciudadanos; este cambio es lo que llamamos la batalla cultural.

La batalla cultural debe procurar terminar con la imagen del estado descripta por Frédéric Bastiat hace ya 200 años y que hoy tiene una vigencia sorprendente: "El Estado es la gran ficción en donde todo mundo trata de vivir a expensas del resto".

Indudablemente, la educación y la formación en la cultura del mérito, son los instrumentos que permiten comprender e internalizar, que para poder crecer son necesarios el esfuerzo y la dedicación; estas son las únicas herramientas que nos pueden "sacar" de la espiral decadente en la que la Argentina está inmersa hace casi 100 años.

Decía Platón: "El objetivo de la educación es la virtud y el deseo de convertirse en un buen ciudadano".

Pero antes de poder dar esta batalla cultural, debemos prestar nuestras armas para otro combate, debemos enfrentar la batalla moral.

Voy a utilizar nuevamente el siguiente texto de Frédéric Bastiat (lo utilice en inseguridad), ya que describe con claridad meridiana la esencia del problema moral:

"El hombre no puede vivir y disfrutar sino por medio del trabajo. De ahí emana la Propiedad.

Pero también es cierto que el hombre puede vivir y disfrutar, apropiando y consumiendo el producto de las facultades (trabajo) de sus semejantes. De ahí emana la expoliación (robo/corrupción/ impuestos abusivos).

Ahora bien, siendo que el trabajo es en sí sufrimiento y ya que el hombre se inclina a huir del sufrimiento, el resultado es que prevalece la expoliación siempre que sea menos onerosa que el trabajo.

¿Cuándo se detiene pues la expoliación?

Cuando se hace más onerosa, más peligrosa que el trabajo.

Evidente es que la ley debiera tener por finalidad oponer el obstáculo poderoso de la fuerza colectiva a aquella tendencia funesta; que debiera tomar partido por la propiedad y contra la expoliación".

Bastiat no creía que la moral o la religión tuviesen la fuerza necesaria para evitar la expoliación, quizás porque hace 200 años no existían las posibilidades actuales de difusión global de ideas por la web o quizás porque intuyó que a pesar de cualquier avance tecnológico, la naturaleza humana sería siempre la misma.

Lo cierto es que más allá de la homérica batalla moral que debemos dar (batalla que rememora la incesante búsqueda de la verdad, búsqueda que a pesar de saber que es perpetua e inalcanzable, no podemos abandonar porque nuestra propia esencia nos impulsa a ella); más allá de esta batalla, debe imperar la ley.

La ley como defensa de la vida, la libertad y la propiedad del individuo ante la expoliación ajena. Toda ley que no tenga este fin no es legítima.

Una de las mentes más brillantes de la Argentina, Juan Bautista Alberdi, aseveraba: "El Gobierno (y su herramienta la ley) es una necesidad de civilización, porque es instituido para dar a cada gobernado la seguridad de su vida y de su propiedad. Esta seguridad se llama y es la libertad".

Si es más fácil robar que trabajar, si es más cómodo tener un plan social que trabajar, si es más redituable intimidar a un automovilista que trabajar, si el estado expolia con impuestos a quien pretende trabajar; entonces, ¿alguien en su sano juicio puede suponer que las personas querrán trabajar?

A pesar de todo, la respuesta es sí. A pesar de tener todo en contra, aún hay personas que apuestan a hacer bien las cosas. Pero no se abusen, quienes aguantan tienen un límite y cuando ese límite es sobrepasado puede desencadenarse una rebelión, puede desencadenarse La Rebelión de los Mansos.

Nuestro problema: mucha reacción, poca acción.

Decía Newton "cada acción produce una reacción igual y opuesta", por lo visto, los argentinos estamos dispuestos a demostrar día a día, que esta ley es cierta.

Una reacción (humana) es una respuesta a un evento que la genera y tiene ciertas características peculiares. Aunque parezca paradójico, la reacción es una actitud pasiva que no se motoriza por sí misma; es además una conducta agresiva, pues intenta destruir algo que consideramos malo o dañino (si una acción es buena no nos oponemos); es una actitud instantánea de carácter instintivo, pues equivale a la maniobra que ejecuta un animal ante un peligro; nos ponemos en posición de defensa para repeler una agresión.

La reacción está más cerca de la animalidad que de la humanidad.

Por otra parte, la acción implica tomar partido, involucra de la nada hacer algo, es constructiva, es creativa, es mirar y proyectar en el futuro.

Actuar es imaginar y trasladar nuestros pensamientos, nuestras ideas, nuestros sueños a la realidad; es pasar del ser potencial al ser concreto, es el crear, es lo que nos hace semejantes a un dios. Miguel Ángel imaginó el David y mediante la acción lo plasmó, Beethoven llevó de su mente al pentagrama la novena sinfonía por la acción; Sarmiento y Alberdi soñaron un país y con sus acciones nos lo regalaron.

La acción crea, la reacción destruye; la acción es vida, la reacción es muerte; la acción es proponer, la reacción es oponer; la acción es salir al mundo a generar, la reacción es retraerse y esperar lo que el mundo genere, la acción es elegir las fichas blancas en el ajedrez de la vida, la reacción se conforma con las negras; la acción es ser antes, la reacción es ser después; la acción es ser primero, la reacción es ser el último.

Reaccionan los mediocres, los grandes hombres son personas de acción; reaccionan los pobres de espíritu, los que tienen el alma llena actúan; reacciona quien espera, actúa el que decide tomar el control de su vida.

En el caso de los argentinos, para que nos movamos, primero nos tiene que ocurrir un hecho que toque nuestras fibras más íntimas o ponga en peligro nuestro órgano más sensible (el bolsillo); recién entonces salimos a protestar como ciudadanos, sea con cacerola en mano o quizás con un ejercicio más tibio y cómodo, como es el despotricar contra los que mandan a través de las redes sociales.

"Pero porque eres tibio y no frío o caliente, voy a vomitarte de mi boca" dice la biblia y esta sentencia tiene un porqué. La acción genera calor, el frío es la muerte o inacción; aquel que se enciende sólo a veces, no tiene el frio de la muerte, pero tampoco el calor de la vida; sólo arrastra la tibieza del sobrevivir y la apatía del inerte que no explota su potencial. Esto en política implica, que es más dañino para el país, la falta de compromiso de los honestos con la cosa pública, que los desastres que hacen los corruptos cuando ocupan los cargos gubernamentales.

Debemos tomar las riendas de nuestras vidas, de nuestro espacio y porque no, de nuestro país. No es preciso que todos seamos candidatos a presidente. En nuestro lugar, en nuestra familia, con nuestros amigos, en el club, en una biblioteca, en el centro vecinal, en donde nos toque y hasta donde creamos que podemos ocupar un espacio para crear, un espacio para movilizarlo con la acción, debemos actuar.

Este país fue grande gracias a personas comunes que lo impulsaron con su accionar. ¿Quién no tuvo un abuelo o bisabuelo que trabajaba en uno de los espacios sociales que nombré arriba? Quizás más de uno recuerda a sus antepasados ocupando cargos políticos que ejercieron buscando la satisfacción del hacer, del ser acción y no la adulación de los lacayos o los beneficios de un jugoso sueldo.

Hemos perdido la capacidad de accionar. Millones de argentinos se han acostumbrado a vegetar, se han acostumbrado a vivir sin producir; sólo reaccionan ante algún estímulo como el hambre, el desalojo o el último modelo de celular. Para los dos primeros saben que alcanza con cortar alguna calle para conseguirlo, para el Smartphone quizás deban trabajar, o más simple, robar.

La satisfacción inmediata es lo único que cuenta, el instinto, el placer banal, el capricho. La inversión, la razón y el orgullo genuino han dejado de ser lo que motiva a quienes habitan esta tierra.

En nuestra patria, la cultura del trabajo, del esfuerzo y del mérito, han sido desterradas por la cultura del subsidio, del facilismo y por la justificación de la necesidad.

Sólo el compromiso cívico de quienes creemos en la acción, de quienes no nos conformamos y ambicionamos un futuro mejor, y que estamos dispuestos a luchar y esforzarnos por él, sólo eso podrá revertir esta decadencia.

Ahora tomate un minuto; parate frente al espejo y mirate. Hacelo; no en tu imaginación, hacelo de verdad; como lo haría un hombre de acción y preguntate ¿Dejaré que las cosas sucedan o haré que sucedan? ¿Tendré el valor de tomar el control de mi futuro y el de los míos o esperaré a ver que deciden otros por mí?

Atrevete a ser una persona de acción, los tuyos y tú país te necesitan.

No pretendo conocer las soluciones a los complejos problemas de nuestro país, no tengo la sapiencia ni las condiciones necesarias para poder intuir las respuestas a estos dilemas; sólo expreso mi parecer con la herramienta que me ha dado la naturaleza, esa herramienta que nos hace diferentes al resto de los seres vivos, la razón. Y apoyado en la razón y en mis pareceres, ejercito la dialéctica y presento mis conclusiones, que por supuesto son discutibles y objetables.

En primer lugar considero que la resolución definitiva de nuestros padecimientos será laboriosa y demandará muchas décadas, pero también es cierto que mientras más posterguemos la administración de los remedios necesarios, más tarde recuperaremos la salud. Esta medicina casi prodigiosa que nos sanará es la educación, educación que no se limita a la mera instrucción, va más allá de eso, entraña además el adiestramiento y el adoctrinamiento.

El hacer diestro a alguien, no sólo se refiere al manejo de las herramientas físicas o mentales que le otorgamos mediante la instrucción, sino también comprende la destreza en el ejercicio de su civismo, en el modo de ser un ciudadano con todas las letras. Cuando hago referencia al adoctrinamiento, me refiero al inculcar los principios éticos, de honorabilidad y de patriotismo necesarios para unificar los esfuerzos de la sociedad en su conjunto, excluyo el infundir doctrinas políticas, ideológicas o religiosas; es preciso revalidar sólo aquellas pautas que deben respetarse para alcanzar la vida en armonía con los demás.

Existe otro modo más rápido de alcanzar estos objetivos pero que difícilmente lo podamos transitar en la actualidad, este atajo es el que marcan los dirigentes que tienen una verdadera vocación patriótica y que ajustan los controles e incentivan a la sociedad para que comience a recorrer el sendero correcto.

Esta senda de alicientes e imposiciones es muy peligrosa, pues depende de una calidad personal y de una magnanimidad de los dirigentes, inexistente en nuestro presente, y si excepcionalmente alguno intentase llevarlo a cabo sería su suicidio político.

¿Parezco muy negativo? Es posible que transmita esa imagen, pero lo que describo en las páginas previas es mi parecer, es el fruto de un análisis fáctico e intelectualmente honesto de nuestra actualidad. El negar los hechos adversos no es sinónimo de amor, es sinónimo de negligencia, de ceguera. El reconocimiento de los problemas es el primer paso para resolverlos y el ocuparse de ello es la verdadera muestra de amor. Por eso, no me quedo de brazos cruzados, doy mi opinión diagnóstica y describiré a continuación cual es el tratamiento que intuyo resolvería estos males.

Este decálogo que desarrollo en las próximas líneas presenta algunas de las medidas o quizás algunas metas que considero el abecé indispensable para producir un cambio de nuestra realidad.

1) Quienes son cabeza de familia deben asumir las responsabilidades que conlleva el papel de padres que eligen interpretar.

Primero debemos definir políticas de planificación familiar a largo plazo, sustentadas en estímulos y sanciones a los progenitores. Para llevarlas a cabo se deben realizar tareas de campo, educando a las familias en el entendimiento de que el asunto de la paternidad no se agota en la gestación del niño, o en alimentarlo y vestirlo con lo básico, va mucho más allá. Del mismo modo que para obtener un buen producto en cualquier trabajo debemos usar las mejores materias primas e invertir una dedicada mano de obra, el proceso de formación de una persona, de un hijo, debe ser meticuloso y realizado a conciencia. Existe una frase popular que inquiere "¿Qué país le vamos a dejar a nuestros hijos?", esta es una pregunta que tiene varios errores en su formulación. Primero es cortoplacista ya que se agota en lo que hagamos nosotros pero no se continúa en lo que haga nuestra descendencia; luego presupone que tenemos el poder para resolver los problemas de todo un país (como si fuésemos monarcas todopoderosos) para dejárselo impecable y en bandeja de plata a nuestros hijos y esto escapa a nuestras posibilidades de ciudadanos de a pie; por último, no comprende que el país será el resultado de lo que hagan sus integrantes (nosotros y nuestros hijos) y no viceversa.

Por lo tanto no tenemos que plantearnos ejecutar cambios lejos de nuestra área de influencia, sino en lo que se encuentra bajo nuestro influjo, la nefasta condición en la que se encuentra la Argentina es consecuencia de nuestro accionar, que es la causa u origen que debemos modificar.

Por ello, la pregunta que deberíamos realizarnos es "¿Qué tipo de hijos le vamos a dejar a nuestro país?".

Toda esta labor llevará décadas y décadas para alcanzar resultados tangibles; mientras tanto, debemos obligar a los padres (si, obligarlos, pues están afectando los derechos de sus vástagos, sobre todo durante su infancia) a asumir sus responsabilidades. Por ejemplo, respondiendo por las consecuencias de los actos de sus hijos, tanto en lo que concierne a lo monetario como a lo moral.

Además los padres deben ser forzados a hacer efectiva la escolarización de su progenie, ya sea haciéndolos acreedores de beneficios económicos si efectivamente concurren a la escuela, o mediante el cumplimiento de penas estrictas e inflexibles si no lo efectúan. Los hijos tienen derechos que deben ser respetados y si los padres son los que los infringen, deben ser sancionados en forma severa, pues su condición de progenitores es un agravante en esta situación.

Finalmente, cuando escucho a quienes se oponen al aborto, invocando los derechos del niño por nacer y fijando el momento de la gestación como el inicio de las prerrogativas del infante, no puedo evitar pensar que están llegando tarde al problema.

Yo prefiero considerar el derecho del niño a gestarse, antes de que pase de un estado potencial a ser un hecho concreto, es ahí donde debemos trabajar y adoctrinar a los padres para que la decisión de engendrar un hijo sea un acto consciente, voluntario, deseado, premeditado y responsable; de este modo evitaremos padecimientos y conflictos innecesarios.

2) Recuperemos la escuela.

Para llevar adelante semejante empresa, no solo deben revisarse los contenidos programáticos, sino también los criterios evaluativos y la estructura de autoridad docente. Los programas deben hacer hincapié en desarrollar la capacidad de pensar de los alumnos, de saber organizarse, de aprender a expresarse y de ser autónomos. Se deben aprovechar los avances tecnológicos, no para suplir al educador, sino para poder darle un enfoque más dinámico al proceso de enseñanza e incluso con un grado mayor de exigencia.

Es increíble que en la actualidad no existan en las escuelas soportes informáticos interactivos para practicar matemáticas, realizar composiciones o ver audiovisuales de materias como geografía, historia, música, plástica o ciencias naturales. La utilización de estos avances tecnológicos no liberaría de trabajo y responsabilidades al docente, al contrario, lo obligaría a saber mucho más para poder responder a los interrogantes de sus discípulos, para poder seguir el ritmo vertiginoso que tendría este torrente de información y para imaginar ejercicios que cimienten los conocimientos vertidos y muestren su aplicación cotidiana.

Las evaluaciones deben ser simples en su formato y expresión, y la profundidad de los conocimientos indagados progresiva desde lo obvio al detalle exquisito; el interrogatorio debe valorar cuales son los conocimientos del alumno y no qué cosas ignora; no obstante, estas últimas deben ser identificadas y comunicadas al alumno con naturalidad, sin temor a que al remarcárselas se vaya a frustrar; eso sí, a sus puntualizaciones debemos acompañarlas de las herramientas necesarias para que pueda corregir sus falencias.

Este modo de investigar el nivel académico del formando no tiene por qué disminuir el grado de exigencia, lo que si permite es infundir confianza en el educando y desarrollar su espíritu autocrítico desde el conocimiento adquirido hacia el deficitario.

La evaluación es parte del aprendizaje, no sólo al poder reconocer en ella los errores que se cometieron y así corregirlos, sino también para comprender que si uno no hace bien las cosas, no puede tener buenos resultados. De igual manera, permite entender que nuestros actos son causas que traen consecuencias inevitables que debemos asumir.

No se puede mejorar el producto llamado egresado si disminuimos el nivel de exigencia y si los alumnos reprueban o dejan de ir a la escuela, no es por culpa de la rigurosidad de las evaluaciones, sino se debe a que no sabemos contenerlos, seducirlos y hacerles ver que la educación es una necesidad insoslayable. Las deserciones se deben principalmente a una cuestión de actitud ante el desafío de educarse, más que a un problema de aptitud.

La autoridad docente está absolutamente destruida y esto tiene varias causales. En primer lugar el ser docente dejó de ser una elección vocacional para pasar a ser una salida laboral; no digo que el maestro debe contentarse con el placer de educar y morirse de hambre, al contrario, considero que debe tener una buena remuneración. Pero se ha perdido el compromiso con el proyecto formador, sólo se hace lo justo y necesario. Se está más pendiente de los cursos de perfeccionamiento por el impacto que trae en los bolsillos que por su aplicación en las aulas. Si bien es cierto que no todos los docentes piensan así, un número importante de ellos (diría mayoritario) sigue este razonamiento. Suelo contar en reuniones de amigos, mi vivencia del séptimo grado de la escuela primaria que a continuación narraré.

Después de finalizar el sexto grado, los padres se peleaban entre sí para conseguir que sus hijos cursasen el año siguiente en la división "A" a cargo del profesor Caballero. Este maestro tenía la particularidad de ser el único que terminaba con el programa de estudios dos semanas antes de finalizar el ciclo lectivo, pero su característica sobresaliente era que enseñaba a estudiar a los alumnos.

Eso sí, había un detalle, al que se portaba mal le daba una bofetada. Imagino la cara de espanto de quien esté leyendo esto diciéndose a sí mismo "qué animal", pero la pregunta es ¿Por qué los padres se peleaban para mandar a sus hijos con este desalmado? ¿Acaso los padres eran sádicos? ¿Por qué no lo denunciaban?

Indudablemente el maestro no actuaba como correspondía, pero esta anécdota extrema sirve de ejemplo para analizar cuál era el papel de los padres en la relación maestro alumno. El docente tenía el apoyo casi incondicional de los progenitores en la aplicación de sanciones, la disciplina era una cuestión que no podía quebrantarse y la falta de respeto de un menor para con un mayor no era tolerada.

Debemos recuperar ese trabajo en conjunto entre padres y educadores, no para que ayuden a sus hijos a hacer los deberes, sino para que ambas partes unifiquen el lenguaje y logren consolidar las bases del desarrollo de una persona de bien, capaz de sacar sus conclusiones lógicas y ser autónomo, no un autómata.

Hoy existe un numero impresionante de niños que no están escolarizados, cuyos padres no los envían a formarse sino a trabajar, o peor aún, a mendigar. Esto que se pretende justificar por el lado de la necesidad no es así, necesidad hubo siempre, pero a pesar de ello los niños iban a la escuela. Si le sumamos a estas ausencias a los claustros los que desertan y los repitentes, veremos que el problema pasa por una falta de compromiso y control en el hogar más que por otro lado.

Se debe forzar a los padres a enviar a sus hijos al colegio, sea por medio de la ley o por medio de estímulos económicos o como sea; pero los menores deben estar en las escuelas pues es su derecho y su camino a un futuro mejor; y nadie, menos los padres, deberían despojárselo.

Si, por otra parte, analizamos el quehacer de las autoridades de las escuelas y de los ministerios, veremos que han cedido ante la presión de los padres condescendientes y de la prensa amarillista que piden que se allane el camino de los educandos, pero no facilitando las herramientas para conseguir los objetivos sino empobreciendo las metas. No hablo sólo de los objetivos académicos, que es lo menos grave y más simple de resolver, sino de la actitud y el clima que debe reinar dentro de una institución escolar; otrora esta era casi un templo, hoy no es más que una guardería o una romería. Es imprescindible re jerarquizar a la escuela, en todos sus aspectos.

3) Debemos recuperar la armonía en la convivencia cotidiana de los argentinos.

Sería fantástico si este objetivo se alcanzase gracias a la comprensión e internalización de los beneficios de este comportamiento por parte de cada uno de los habitantes de estas tierras.

Esta pretensión no es imposible, es factible de alcanzar con mucho trabajo y educación cívica; pero para ello debemos, primero tener la voluntad política de emprender este camino y luego invertir muchos años de esfuerzo para hacerlo asequible. Mientras tanto, no podemos esperar inertes que rinda frutos este proyecto antes expuesto, mientras tanto debemos hacer algo. Y ese algo, en parte, es recuperar la autoridad policial, devolverle a quienes velan por nuestra seguridad las herramientas necesarias para que puedan hacer respetar los derechos de los ciudadanos cuando son vulnerados por cualquier individuo sin censura ni miedo al qué dirán.

No debemos confundir autoridad con autoritarismo, el primero defiende los derechos y el otro impone privilegios, el dejar que un puñado de personas corte una calle es autoritarismo, el sufrir el atropello de menores no punibles es autoritarismo, el estar indefenso en manos de los delincuentes es autoritarismo, el padecer intimidaciones en cada semáforo es autoritarismo.

Ciertamente, sería necio desconocer que la policía en nuestro país está sospechada de ser parte de la comunidad delictiva; pero eso no es motivo para degradar a la institución. Aquellos agentes que cometiesen un ilícito deben ser juzgados con severidad y considerar un agravante su condición de ser representante de la ley.

Soy enemigo de todo tipo de generalización, la masificación es una generalización al igual que la llamada justicia social, o los prejuicios de cualquier tipo o los comportamientos corporativos; creo en el individuo que debe responder por sus actos, si es un policía el que infringe la ley no debemos hablar de la policía en forma genérica (prejuicio) y tampoco encubrirlo dentro del cuerpo por ser parte de la institución (corporativismo). La mejor forma de proteger una institución o una profesión es reconociendo, denunciando y sancionando a quien deshonra a sus pares; ocultarlo no es ser leal, es ser cómplice.

4) Terminar con las prácticas corporativas en todos los órdenes de la vida en sociedad.

El ejercicio de la libertad debe ser irrestricto mientras no vulnere los derechos de terceros y para poder ejercerla es necesario que no esté coartada por grupos privilegiados de gremialistas, funcionarios o empresarios.

No es posible que esté obligado a pertenecer a determinado gremio, o a tal obra social, o que no pueda elegir la compañía de teléfonos que me agrade o de cable o lo que sea. Los monopolios y oligopolios no naturales atentan contra el individuo, sin importar si estos son públicos o privados.

La competencia es el motor que dinamiza la oferta de bienes y servicios, mejorando la calidad de vida de los ciudadanos; si comenzamos a competir dentro de nuestro país, podremos alcanzar los estándares de calidad y de precios internacionales y así podremos salir al mercado mundial con algo más que carnes y soja.

Debemos terminar con los cargos y negocios reservados a consentidos, amigos o socios; la protección de la industria nacional solo se consigue con la actualización continua que brinda la competencia, las barreras aduaneras sólo cobijan a los acomodados.

Los otros enemigos corporativos que están enquistados en nuestra realidad y peor aún en nuestro subconsciente, son las colegiaturas y los sindicatos obligatorios. El principio que motoriza el comportamiento de estos es el mismo que el que describí para los mercados; sólo que en este caso se trafica algo de riquezas personales pero sobre todo se negocian espacios de poder.

Los trabajadores en relación de dependencia y los profesionales son cautivos de estas asociaciones, a tal punto es así que, si toman alguna medida individual por fuera de sus tramoyas, inmediatamente esta se transforma en ilegal. Los gremios se sustentan principalmente por el aporte que realizan sus sumisos integrantes para la obra social a la que compulsivamente están obligados a pertenecer, imposición que no les permite elegir el médico de su confianza, ni el centro de salud de su gusto, ni la marca de medicamento que le brinda más seguridad.

¿Alguien en su sano juicio permitiría que le digan cómo debe ser su casa, quien debe ser su arquitecto y donde comprar los materiales de construcción de acuerdo a su profesión o al barrio en el que vive? Pues esta barbaridad que no toleraríamos es la que no reconocemos ni rechazamos en lo que se refiere a nuestra salud; dejamos que el mandamás de turno decida por nosotros según su conveniencia y el negociado que haya concretado.

Permitir que se pueda elegir libremente el sindicato al que se quiere pertenecer, o la obra social, o la caja de jubilaciones, o el colegio profesional según nuestro arbitrio, es el mejor aparato de fiscalización que puede existir. El control directo e instantáneo de los afiliados sobre los actos y propuestas de los dirigentes y las entidades, expresado mediante la inmediata auto desafiliación, es un instrumento que nunca podrá ser equiparado por ningún sistema de supervisión descollante ideado por algún iluminado de turno.

5) Lograr una mejor distribución demográfica y económica dentro de nuestra Argentina.

Han existido, a lo largo de nuestra historia, proyectos que proponían trasladar la capital del país a otro punto distante de su actual localización con el fin de quitarle preponderancia a Buenos Aires y que deje de ser el vórtice de la Argentina, lograr que "dios deje de atender allí".

Estas propuestas muestran que tenemos una mentalidad monárquica digna del medioevo. Brasil trasladó su capital de Río de Janeiro a Brasilia y no alteró el interior de su país, Estados Unidos tiene su capital en Washington, pero no por ello esta ciudad concentra su desarrollo económico ni tiene una distribución demográfica concentrada en esta urbe; España, Francia o

Italia no han necesitado mudar sus metrópolis, al menos en los últimos siglos, para conseguir un progreso homogéneo de sus regiones.

Entonces ¿Servirá trasladar al "rey y su corte" a otro punto geográfico de nuestra patria? ¿Hará esto que todos les sigamos como borregos? Lo dudo, y sin lugar a dudas esto sólo conseguirá aumentar el número de burócratas y el gasto público, nada más. Bernardino Rivadavia, hace casi 200 años, tuvo una visión mucho más clara del problema que nuestros actuales gobernantes.

Con sus defectos y errores propuso entregar en enfiteusis las tierras fiscales ociosas; con esta forma de arriendo en el que se cobra un porcentaje de las utilidades que producen estos terrenos, pretendía extender las fronteras y multiplicar las poblaciones (lamentablemente no pudo soslayar a los terratenientes quienes terminaron acaparando los loteos transformándolos en latifundios).

El punto es que hay que brindar estímulos a los habitantes para que migren a lugares que aún no han sido explotados; se debe proveer de préstamos a baja tasa, exenciones impositivas, asesoramiento técnico, apoyo y fomento a la formación de pymes y cooperativas, se deben desarrollar las infraestructuras esenciales como agua corriente, gas, electricidad y caminos; es menester facilitar todos aquellos medios que brinden una mejor calidad de vida en aquellas regiones postergadas de nuestro país. Las personas necesitan que las condiciones de subsistencia en puntos geográficos no desarrollados sean similares, e inclusos superiores, a las de las ciudades; precisan acceso a los medios de producción y beneficios burocráticos, económicos y fiscales superiores a los de las grandes urbes

¿Quién dejaría de vivir en una ciudad que le ofrece todo al alcance de la mano para ir a romperse el alma en medio de la nada si no tiene alguna esperanza cierta de poder mejorar su status? Las personas no son imbéciles ni estoicas, no las tratemos como tales.

Existieron algunos pseudo intentos de crear estas condiciones propicias en regiones no desarrolladas llamados "planes de promoción industrial". Estos planes fueron ideados de forma tan desastrosa y corruptible, que sólo pudieron haber sido fruto de mentes ingenuas y neófitas; o lo que es más posible, de ingenios perversos y premeditados.

Lo cierto es que, como sucede por lo general en Argentina, usamos las buenas ideas para vender ilusiones mientras las destruimos con negociados perpetrados por debajo de la mesa. **6) Consensuar y definir políticas de estado que vayan más allá de las políticas de gobierno.**

Esto, que es descripto como un símil al Pacto de la Moncloa, comprende precisar reglas de juego claras, estables y a largo plazo que permitan concebir proyectos a veinte, treinta o más años.

Sin seguridad jurídica no se pueden realizar planes serios, sin normas constantes sólo se "apuesta" a alcanzar determinadas metas como si fuese una tómbola, a la espera de que nos sonría la diosa fortuna.

Para alcanzar estos acuerdos multilaterales primero deben olvidarse los rencores y rencillas, basta ver lo que sucede en los países vecinos como Brasil, Chile y Uruguay para entenderlo. Luego, hay que terminar con la idea de que la oposición al gobierno es el enemigo en lugar de alguien que discrepa; debemos comprometernos a que la competencia política sea algo más que un Boca-River. Por último es menester obligarnos a desterrar la mezquindad de ningunear al disidente o de menospreciar sus ideas u obras. Debemos dejar de destruir aquello que pueda llegar a hacernos sombra sólo porque lo hizo la "contra", es tiempo de que descendamos del podio de la soberbia y que comencemos a trabajar en conjunto en la consecución de lineamientos nacionales generales.

7) Construir un estado más dedicado a cumplir sus obligaciones y que se inmiscuya menos en aquello que le es ajeno.

Los deberes constitucionales de nuestros gobernantes son proveernos de salud, educación, justicia y seguridad; a lo que podríamos agregar el asistir y asesorar a quienes emprendan proyectos que promuevan el desarrollo y fomenten la cultura.

Las misiones descriptas en nuestra carta magna, son las esenciales para regular la convivencia entre los ciudadanos, asegurando la igualdad de derechos y de acceso, estas cuatro tareas enumeradas en el párrafo anterior, son las herramientas por medio de las cuales se honran los tan famosos derechos humanos.

En contrapartida, el estado debe dejar de subsidiar y perturbar el equilibrio dinámico de la economía. Esto no quiere decir que no debe intervenir en nada, sino que debe inmiscuirse en aquellas acciones que estimulen una mejor distribución demográfica o permitan poner al alcance de todo el mundo eventos culturales o prácticas deportivas que no sean meras actividades recreativas, sino que fomenten la evolución de los individuos.

La correcta asignación de los recursos, la austeridad en los gastos administrativos y la eliminación de dispendios superfluos, permitirían disminuir la carga impositiva que tienen los productos, mejorando el poder adquisitivo de los ciudadanos y consecuentemente esto elevaría la calidad de vida de los argentinos.

Lo complejo de ejecutar estas medidas radica, paradójicamente, en la simpleza que reviste su aplicación; el presentar la ciencia económica como un misterio inescrutable, casi esotérico, tiene como fin mantener en forma exclusiva el control de las variables del mercado en manos de los políticos y sus amigos influyentes, como aquel médico brujo que sólo él conoce la pócima que aleja los espíritus maléficos y cura las enfermedades.

En cuanto el estado brinde las herramientas necesarias a las poblaciones postergadas a través de la salud y la educación, les asegure la tranquilidad de que sus derechos serán honrados mediante una justicia efectiva y fuerzas de seguridad sanas, respetuosas y firmes y no interfiera en la vida económica de la gente entorpeciendo las iniciativas productivas y comerciales elegidas por los ciudadanos; en ese momento volveremos a crecer como país, como sociedad y como individuos.

8) Debemos rescatar las instituciones, que son la expresión tangible de nuestra argentinidad.

Esto no quiere decir que porque se cante el himno más fuerte se sea más patriota, no caigamos en esta pérfida simplificación; me refiero a que aprendamos a respetar los símbolos de nuestra independencia, de nuestros principios, de nuestra idiosincrasia, de nuestra historia.

Es menester inculcar en las nuevas generaciones el amor por la patria, el orgullo de ser argentino, el gozo por nuestros logros y la vergüenza por nuestras miserias; que no termine nuestro patriotismo en patrioterismo, despotricando contra todo el mundo como responsables de nuestros males o recordando nuestra nacionalidad sólo cuando juega la selección Argentina o cuando una película "nuestra" gana un Oscar.

Volvamos a conmemorar las fechas patrias el día que corresponde, reflotemos los desfiles cívico-militares, recobremos la solemnidad que revisten actos tales como la jura de autoridades o el traspaso del bastón de mando presidencial; respetemos y ensalcemos nuestras tradiciones y que cuando pensemos o hablemos de nuestra Argentina, sintamos la misma emoción que expresa Rafael Obligado en Santos Vega:

"mientras de orgullo me anega, la convicción
de que es mía, la patria de Echeverría, la
tierra de Santos Vega".

9) Hay que consolidar el sistema republicano de división de poderes.

Este es el mejor amparo que puede tener un ciudadano para salvaguardar el respeto de sus derechos y proteger el sistema de gobierno democrático. Cuando el poder se concentra en una persona, esta comienza a imaginarse omnipotente y cree que sus decisiones son inequívocas. Se obnubila y rechaza todo lo que no responde a sus verdades dogmáticas, se transforma en un tirano, en un lobo disfrazado de cordero.

Incluso en el antiguo imperio romano, la figura del dictador fue pensada para los momentos de crisis (como guerras o epidemias) en los que se necesitaba tomar decisiones inmediatas. La duración en la función era de hasta seis meses y durante este período de tiempo el pueblo de Roma, a través del senado, delegaba la suma del poder absoluto a un ciudadano probo que resolviera la emergencia.

El primer dictador fue Cincinato en el 458 a.c. quien, luego de rechazar la invasión de los Ecuos y Volscos en solo dieciséis días, renunció inmediatamente a su cargo de dictador (pudiendo disfrutarlo por mucho más tiempo) y retornó a su granja a labrar la tierra.

Pensadores de la talla de Lord Acton enfatizaron los peligros de concentrar la autoridad en una persona al sentenciar "el poder corrompe, el poder absoluto corrompe absolutamente". La propia revolución francesa se gestó como rechazo al despotismo de la realeza absolutista y como apoyo a la reivindicación de los noveles derechos humanos y cívicos.

Por lo tanto, considero imprescindible abandonar el casi monárquico presidencialismo paternalista que padecemos, el cual somete y eclipsa con decretos de necesidad y urgencia al poder legislativo y manipula al poder judicial por medio del consejo de la magistratura. Debemos equilibrar la potestad de los tres poderes de la república para que se regulen y fiscalicen los unos a los otros.

10) La justicia debe asumir el rol que le corresponde; el de ser custodio de los derechos individuales y guardiana de la voluntad cívica de los ciudadanos.

Esta meta es muy amplia y abarca un sinnúmero de situaciones que vivimos a diario y que deben ser resueltas con independencia, equidad y celeridad.

La justicia que llega tarde no es justicia, este es uno de los motivos de descrédito que ella padece en la actualidad. En el presente las sentencias de los tribunales llegan con tanta demora que quien infringe la ley se encuentra en ventaja con relación a quien denuncia una vejación de sus derechos. Mientras los veredictos de los magistrados no sean efectivos en una inmediatez razonable, no habrá justicia y sí en cambio una atmósfera en la que se respira impunidad.

Los políticos y funcionarios que son sospechados de haber cometido un delito deben ser juzgados de inmediato y sin concesiones. Es menester que respondan por sus actos, no por el resultado de los mismos sino por el dolo que puede haberlos impulsado a realizar determinados emprendimientos. No es posible que se amparen en prerrogativas y que sean intocables mientras duren en sus funciones; sus envestiduras no deben ser armaduras rebosantes de impunidad, más bien deben ser túnicas blancas inmaculadas dispuestas a someterse a cualquier control.

También debe desterrarse de una vez y para siempre el comportamiento corporativo del poder judicial. Los privilegios que gozan los magistrados son para que puedan ejercer libremente sus funciones, no para beneficio personal. Aquel que deshonre su investidura debe ser individualizado y rechazado por sus pares como prueba de la integridad del cuerpo.

Por último el poder judicial debe asegurar la libre elección de las autoridades gubernamentales por medio del voto electrónico, la eliminación de las listas sábanas y la erradicación de cualquier forma de fraude, extorsión o corrupción antes, durante y después de las elecciones.

Estas son condiciones "sine qua non" para legitimar los resultados que arrojen las urnas y terminar con las maquinaciones y los tejemanejes de los políticos, sindicalistas e inescrupulosos representantes del poder económico.

No, no es todo ni mucho menos. Es el comienzo, el primer paso. Sólo he puesto mis cartas sobre la mesa, he plasmado en estas páginas mi modesto parecer, mis anhelos y un tímido, recatado y rústico borrador de un programa a llevar a cabo.

Como expresé en otro capítulo, debemos alcanzar nuestra independencia como personas y como ciudadanos; el proceso independentista argentino se cerró en lo declarativo en 1816, en lo militar en 1828, en lo político en 1853 y aún no culminó en lo social, emotivo y cultural. Esta es nuestra misión, llevemos a la práctica la famosa y exacta frase de Ortega y Gasset "argentinos a las cosas".

Muchos compatriotas han postergado sus deseos y ambiciones personales (aquellas acciones que sólo beneficiaban a ellos mismos) en pos de este objetivo superior de hacer una patria grande (sin que esto implique sacrificarse). Algunos pasaron a la historia y otros al olvido, discutidos, controvertidos, amados y odiados; fueron personas de acción que enfrentaron las dificultades y la falta de comprensión con entereza y determinación.

No creo tener ni un ápice de sus capacidades ni de su voluntad, tampoco deseo pasar a la historia ni busco el aplauso, sólo siento que es mi deber "hacer algo".

No puedo seguir viendo cómo se desmorona, cómo se cae a pedazos mi patria. Sé que es una lucha despareja, que quizás esto sea una quijotada y que los molinos de viento son demasiados y muy poderosos. Pero también sé que no puedo quedarme de brazos cruzados contemplando como Impera la Decadencia en Nuestra Argentina; estos sentimientos que me abruman puedo sintetizarlos en una frase que no es mía, pero que hago propia: "Puedo soportar la derrota, pero no puedo soportar el no dar la batalla".

FIN

Rogelio López Guillemain

Miembro titular de SACPER, Sociedad Argentina de Cirugía Plástica, Estética y Reparadora
Especialista en Cirugía Plástica, Estética y Reconstructiva, Consejo Médico de Córdoba M.E. 11.934.
Especialista en Cirugía General, Consejo Médico de Córdoba M.E. 7.961.
Jefe de Quirófano, Hospital Domingo Funes, Córdoba.
Médico encargado de Cirugía Plástica, Hospital Domingo Funes, Córdoba.
Médico por concurso del servicio de Cirugía General, Hospital Domingo Funes, Córdoba.
Director Centro Formador en Cirugía (CONEAU), Hospital Domingo Funes, Córdoba.
Miembro del Consejo Académico de Cirugía UNC.
Profesor Universitario
Instructor docente en el servicio de Cirugía General, Hospital Domingo Funes, Córdoba.
Docente de la Cátedra de Clínica Quirúrgica, Facultad de Ciencias Médicas, U.N.C.

Productor y conductor del programa radial "Sucesos de Nuestra Historia"

Autor de los libros "El imperio de la Decadencia Argentina", "La Rebelión de los Mansos", "El Imperio de la Decadencia Argentina (Recargado)" y "Cada Uno de Nosotros".

Columnista de las revistas Estética en Córdoba y Barrio Jardín

Autor de numerosos artículos publicados en diarios nacionales y provinciales y en diversos medios electrónicos

Cursó estudios de Abogacía y de la Licenciatura de Historia.

Visiting Fellow at George Washington University, Washington DC, EEUU

Ex Miembro de Comité de Capacitación y Docencia, Hospital Domingo Funes, Córdoba.

Ex Médico rotante en el George Washington University Hospital, USA.

Ex-residente de Cirugía General, Hospital Domingo Funes.

Ex-residente de Cirugía Plástica, Estética, y Reconstructiva, Hospital Córdoba.

Ex-miembro del Consejo Directivo de la Facultad de Ciencias Medicas de la U.N.C.

Ex- secretario de Asuntos Estudiantiles de la Facultad de Ciencias Médicas de la U.N.C.

La dirección adecuada.

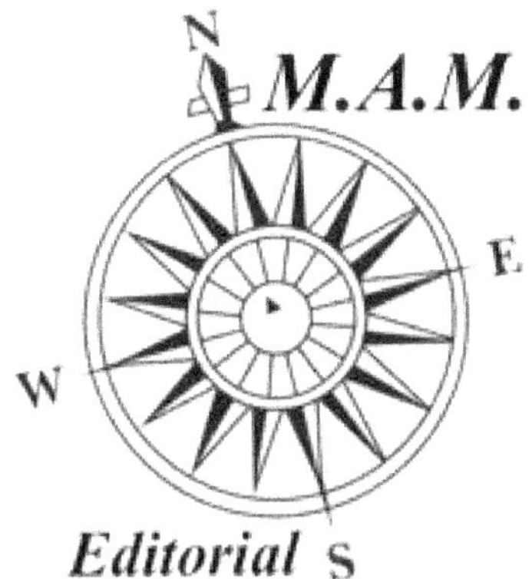

Listado Editorial:

https://www.amazon.com/hz/wishlist/ls/3TQFMF3ED
MMU?ref_=wl_share

Miguel A. Morra